ドミニク・レステル
大辻都 訳

肉食の哲学

Apologie du carnivore

Dominique Lestel

左右社

肉食の哲学

肉食の哲学

目次

哲学が懐疑で始まるのとおなじように、
人間的とよばれるに値する生活はイロニーで始まる。

キルケゴール「イロニーの概念について」
（『キルケゴール著作集20』飯島宗享・福島保夫共訳）

アペリティフに代えて

人を「まっとうな道」に戻さずには気がすまない良識派の攻撃が性的な放埒さに向けられた時代があった。こうした御仁のきてれつで潔癖な情熱は過剰に道徳的で、ミシュランよろしくつねに上から目線で格付けするのを好んできた。時代により道徳性の対象は変わる。今日ベジタリアンは、戦闘的な禁欲同盟がかつて売春婦を追求したのと同じやり方で、道徳を持ち出し肉食者たちを攻撃している。

そして今日、その長いNGリストには新たな禁止事項が加わっている。肉を食うことは、ある人々にとってはほとんど犯罪になったのである。肉食に反対する人々は、隣人を殺してはいけないのと同様にすべての肉食を禁止することは可能であり、必要でもあると主張している。であるがゆえに菜食主義は、個人的な選択というより、無条件に従うことがふさわしい、カントの用語が言うところの定言命法だというわけだ。さもなければ人は必然的に悪に堕するのである。それゆえきわめて論理的な帰結として、倫理的ベジタリアンは人々に自分の立場を支持するよう強要する。まずは肉食の継続に対する罪悪感を植えつけることに始まり、必要なら次には法などの強制力によって。

なぜなら倫理的ベジタリアンは、融通のきかない道徳原理主義者だからである。大げさだろうか？　疑い深い読者も私の言わんとすることが呑み込めるよう、お誂えの書物の例をお見せしよう。たとえばエスティヴァ・レウスとアントワーヌ・コミティは二〇〇八年二月、『レ・カイエ・アンチスペシスト』[1]にこう書いている。「本論の主張は、今後は獣肉の生産と消費をはっきり法的に禁じるよう努めなければならないということである。こうした措置はわれわれの心性や社会組織の革命を待つまでもなくおこなわれる必要があり、また、おこなうことが可能なのだ」。彼らが告げるユートピアは野菜の色に彩られ、果実のごとく頑固である。断肉はわれわれの最終的な贖罪を導くに違いない。断肉により苦しみを断ち、親切になり、地球を救い、ついには被造物のうちあらゆる貧者を養うというわけである。善意には違いないが、地獄への道だって善意でできているものだ。

私は前書『動物はヒトの未来である』において、滑稽に堕しがちな動物の擁護者たちに知的なツールを提供した。本書は前書とアイディアにおいて近いところがあるが、本書の方は倫理的ベジタリアンという立場に奇襲をかけるラディカルな批評となるはずだ。確かにわれわれは、動物を愛することと肉食を望まないことはセットだと見做しがちである。だが両者が同じものかどうかはまったく自明ではない。ベジタリアンの採る態度がいかに正統ぶったり辛辣であるとしても、その概念は驚くほどつねに誤っており、ベジタリアン自身でさえ大方は受け容れがたいパラドクスに帰するのである。

だから私は今からいささかこみ入った主張をしようと思うが、最初は驚かれるかもしれない。倫理的ベジタリアンの態度は、ラディカルである場合にしか効力がない。だがそのラディカルさそのものがほとんどのベジタリアンには受け容れがたい。というのはこの態度は反動物的だからである。二十一世紀初頭の今、倫理的ベジタリアンは現代風のスタイルをまとい、ヒトと動物の間にどこから見ても根拠のない境界を復活させる。とはいえ私が知るベジタリアンの大半は心から動物を愛している。この矛盾が問題をひき起こすのだ。

この試論において、私は考察の範囲を倫理的ベジタリアンに限定しようと思う。

私がこのように呼ぶのは、肉食をとりわけ殺害、苦痛、エゴイズムと関連づけるがゆえに悪だと見做す人々のことである。倫理的ベジタリアンの立ち位置を多くの者は行き過ぎだと感じるし、確かに行き過ぎている。問題はなぜかということだ。嗜好や衛生を理由とするベジタリアンに対しては、チョコレートを食べると知的だとか海水浴はお洒落だと考える人々ほどにしか私は興味を感じない。人それぞれ信条はあるものだ。

共感はしないが、私の関心を惹くのは倫理的ベジタリアンの方だ。はっきり言えば、彼らのなかに私の捕食者的直感を刺激するある倒錯性を感じるのだ[2]。だから私がベジタリアンと言うとき意味しているのは、彼ら倫理的ベジタリアンなのである。

ベジタリアンの展開する過激な議論を批判するのは可能だが、彼ら自身はそれを信用に足ると考えている。一方、彼らは肉食の意味をかなり見縊っているし、そこに疑問の余地はないと考えている。私が特に指摘したいのは、ベジタリアンの動物への愛——肉食者には欠けているかもしれない愛——が彼の短所になりうるということだ。ベジタリアンは常日頃、この闘争は正義なのだからそれについて考える必要はなく、ただ普及しさえすればいいのだと信じている。ベジタリアンは自分のあり方を肉食者との力関係においてのみ考えているが、これは真に知的な論争となりうるテーマである。そしてこの論争は、戦闘的ベジタリアンの大半が想像するのとは違って無益ではない。うまくすればそれはむしろ彼らが言うべきことを周到に強化し、自分のしたいことを自分でもよりよく理解する手助けになりうるのだ。

じっさいのところ、多くの人々がベジタリアンは善で肉食者は粗野であり、肉食者を擁護するなど碌でもないと考えている。こうした態度は表面的であるだけでなく、むしろ誤りである[3]。倫理的理由で野菜、果物、穀物の摂取しか望まない者の論法は非常に胡散臭いことが多い。逆に肉食者が――いかなるベジタリアンも断じてそうならないのに――動物に近いことがあるのは、己の動物的本性を嫌悪せず、全的に、つまり代謝として引き受けるからである。私個人に関しては、動物にかぎりない敬意を持ち、動物の重要性を認めてはいるが、ヒトではなく動物を殺すことを殺害と捉える思想には反対だ。項の混同はつねに野蛮への一歩だという見解は、間違いなく英国の作家ジョージ・オーウェル[4]のもっとも優れた思想のひとつである。さらに、動物相互の関係について厳密に定式化されたその思想は興味深いことこのうえない。したがって重要なのは、ベジタリアンの倫理的要求を覆し、倫理的な義務とはむしろ肉を食うことだと示すことだ。これを「肉食の至上命令」と呼ぼう。

西洋人にとって肉食とは動物性のなかに自身を回復する行為であり、それゆえにこの行為は本来、倫理的義務と見做せるはずである。だがいかなる肉食をも拒絶するベジタリアンは、きわめて理想化された動物代表を任じて、ヒトから動物性を消し去りたいと考える。その発想は、環境主義への意識が高い現在の文脈においては極端に感じられる。しかし古代ギリシア以来、西洋人はつねに人間を特別視する誘惑に囚われてきた。消えかかった記憶に向きあい、ヒトの動物性を想起することは、ある面代謝的である。肉食を受け容れることは、この地上において「無償の食事」(フリー・ランチ)はないという事実を引き受けることだ。生きるとは喜び、苦しみを受け取り、また与えることにある。生きるとは他の生ける者に怒り、反対に他の怒りを買うことを意味する。無垢であり続けながら生きられるとの思い込みは、単なる幻想である。そうではなく、肉食は動物としてのわれわれの基底を通じわれわれの動物性を再確認する方法だと見做されるべきだろう。ヒトは確かに肉を食う雑食者だ。この食事法は栄養学的であるだけでなく、形而上的、精神的、倫理的である。

他方で肉食者は肉の消費を制限できる。そのうえ、動物にもっとも近接した存在になろうと主張する。なぜなら彼はその野心を動物と平和に暮らしたいとの望みにとどめず、動物の一部でありたいと願うからだ。

テーマの核心に入る前に言っておきたいのは、矛盾するようだが、私自身は同類とされる大多数の肉食者より、自分の知る大多数のベジタリアンの方によほど近いと感じているということだ。それゆえこの試論は反ベジタリアン論では断じてなく、原理主義的なベジタリアンたちへの反論の書なのである。私は肉を食うのに無傷でいたことはけっしてなく、十全にその意味を引き受けている。われわれの食うものはわれわれの本質を成すものだという私の考えは多くのベジタリアンと同じだ。だがこの共通の認識から、われわれの結論は微妙に異なってゆく。私は肉を食いその行為を続けたいと願うが、その理由はベジタリアンたちが肉を食わない理由ときわめて近い――それはすぐ近くにあって、シンメトリーをなしているのだ。

現代では、動物保護の支持者とベジタリアンは手をたずさえ進んでいると見做されている。動物の保護と肉食は、ふつうは相容れないと思われているが、状況はより複雑である。動物の保護と肉食は、特筆すべきこととして、つねに真摯に動物と自然を守ってきた肉食者の知的な伝統がある。たとえばアメリカ合衆国の環境学の父のひとりであるアルド・レオポルド[5]、あるいはヒトと他の動物の必然的なつながりに関する重要な理論家のひとり、ポール・シェパード[6]の名を挙げておこう。フランスではまだほとんど知られていないが、まさにこうした知の空間に本書は位置づけられるのである。

chapter 1

口の愉しみ

アミューズ

倫理的ベジタリアンを
どのように捉えるか

ベジタリアンとは植物（野菜と果物）だけ食べることを好む者のことである。しかし彼らにしても、代謝的、肉体的、経済的には肉を食べられないわけではない。そうしようと思えば肉を消化したり、買うことができるのだ。肉を食べると体調を崩す者を真のベジタリアンとは見做せない。同じように、金銭的余裕がなくて肉を食べられないヨーロッパの大都市の貧しい居住者たちもベジタリアンとは言えない[7]。ベジタリアンとは、ほかの選択可能性のなかから、積極的選択（植物、果物、野菜を食べること。もちろん茸も）と消極的選択（肉食をしないこと）をする者たちのことである。

本章では、肉食者側からの批判を加える前に、まずベジタリアンの立ち位置を私なりに特徴づけておこう。ベジタリアンはかならずしも私の位置づけに同意しないだろうが、いつも「ベジタリアンの見方でベジタリアンを特徴づけなければならない」という理由はないのだ。

ベジタリアンとは誰か

あらかじめ言っておくと、「好み」という語は厳密に使わなくてはならない。なるほど好みとは、他の選択肢のなかから選んでする、ということだ。選択の理由はさまざまある。ベジタリアンが肉抜きの食習慣に身を捧げる理由は、たがいに相容れないこともしばしばだ。たとえば、多くのベジタリアンは（間違っていようと正しかろうと、ここでは問題ではない）肉食をしないことが健康にとってよりよいという食養生の動機からベジタリアンになる。一方、己の美学の問題として（たんに肉の味を好まない）、あるいは心理的な理由で（肉類を躊躇してしまうトラウマ的経験をしている）ベジタリアンになる者もいる。そして、倫理的理由から肉食を断つベジタリアンも増えているのである。彼らは、肉食のような行為はモラルに反し、短期的にも長期的にもよからぬ、そして受け容れがたい結果をもたらすと考えている。一九八九年、ポール・アマートとソニア・パートリッジはアメリカ合衆国の九百万人のベジタリアン――人口のおよそ四パーセントにあたる――を調査した。この調査によれば、彼らの六七パーセントは肉食にともなう動物の苦痛に否定的であるため、五パーセントは世界の飢餓の問題のため、三八パーセントは自分の健康増進のためにベジタリアンであるという。

私はこれから三つめのカテゴリーである「倫理的ベジタリアン」のみを扱う予定である。倫理的ベジタリアンが肉食を拒絶するのは、肉を食うことが感覚ある生物を苦しめ、殺さなくてはならないからである。こういうときにしばしば持ち出される動物の権利の主張は一九七〇年代から本格的に展開されたものだが、そこでたえず言及される原典は一七八九年に書かれたジェレミー・ベンサムの著書である[8]。動物の権利の擁護者は、一般的に(つねに、ではない)動物も利益不利益の主体だという、きわめてアングロサクソンらしい功利主義の観点に立つ。感覚と知性を持つ存在であるがゆえに、動物は食われるために殺されない権利を持っているという理屈である。もっと経験論的、認識的な観点からの議論もある。動物は間違いなく知性を持っているのだから、たんなる資産やモノとして扱われるべきではないというものだ。動物たちには認識能力や感情があり、それゆえヒトが他人に食われない権利を持つのと同様、彼らはヒトに食われない権利を持つ。もっとも過激な活動家たちは、皮や毛皮は言わずもがな、牛乳や卵といった動物に由来するあらゆる製品は禁止されるべきだというさらにラディカルな態度も見せている。これがビーガンなのである。アングロサクソン諸国には、小規模ながらより活発でフェミニズムとベジタリアンの行動を結びつけるグループもある。広く読まれている『肉の性的政治』によって、キャロル・J・アダムズ[9]がフェミニズムとベジタリアンのこの関係を築くのにもっとも尽力したことは疑いない。肉食は男性による抑圧の重要な象徴《フィギュール》だと彼女は考える。フェミニズムというイデオロギーの理屈に倣い、対象としての女性が男性の性的欲望から導かれるのと同じ理由で、ビーフステーキから食われてしかるべき動物が導き出されている、というわけだ。

chapter 2

オードブル

ベジタリアン実践小史

ベジタリアンの行動の歴史をざっと見ておいた方がいいだろう。ベジタリアンがどのように今の行動に至ったのか知ることは無駄ではないはずだ。ベジタリアンのふるまいは一枚岩とはほど遠く、大方のベジタリアンの想像以上に複雑をきわめていることを示すのも無意味ではない。ベジタリアン運動の歴史が書かれた文献はあまりないが、なかには面白いものもある。私が最良と考え、これから述べる内容に大いに影響を与えてくれた歴史書はコリン・スペンサーが一九九三年に出版したものである。

ピタゴラスとカニバリズムの拒否

我らの先祖、とそこそこ博識なベジタリアンから言われることもあるピタゴラスだが、その主張は疑わしいものである。エジプトには確かにベジタリアンがおり、ゾロアスター教徒はすでに断肉を奨励していた。断肉の習慣を正当化するため、ピタゴラスはふたつの議論を援用している。ひとつ目は、積極的に菜食を選ぶことの後押しである。植物を食べることは人間の食としてより価値があるのだから菜食であるべきというものだ。ペルシャで植物から成る精神高揚薬の摂取などを知ったピタゴラスはバビロンにおいて、香り豊かなスパイスの摂取は神の食であり、人間がこれに倣うのは当然だと言った。

ふたつ目の議論は、今日ベジタリアンがふりかざす議論により近いように見えるが、外見だけにすぎない。その議論とは動物を殺すことの拒絶である、ただしピタゴラスが自ら主張するメタモルフォーシス説ゆえに。種の間に起きる輪廻転生はそれぞれの生き物を潜在的な同類と見做すことにつながり、そのような同類を食うことは慎みを欠いている。つまりピタゴラスのアプローチの基盤となるのは動物を殺すことの拒否ではなく、人肉食《カニバリズム》の拒否なのである。動物を食うべきではない。なぜなら動物は潜在的に輪廻転生した人間なのだから。

ピタゴラスが主張したのは肉食の禁止のみではない。豆を食すことも同じように断たねばならない。なぜか。理由は怪しげなものだ。著書『アドニスの園』においてギリシア学の研究者マルセル・デティエンヌ[10]は、ピタゴラスの「聖なることば」に依拠し、豆が茎に節《せつ》がない唯一の植物なのは生者と死者、さらに人間と神の伝達をおこなうために選ばれた媒介者だからだと説明している。ピタゴラス支持派にとって、豆を食すことは人肉食に相当する。彼らの菜食主義はしたがって元来宗教的実践に根を持っており、植物の優位に依拠しており、動物を苦しめないためや動物を敬うためでなく、人間を貶める人肉食やそれに類する行為に手を染めないように肉を拒否するのである。ピタゴラスの眼には、ヒトと他の動物の唯一の違いは、後者が「内的な言語」しか持っていないのに対し、前者は加えて「外的な言語」を持っていることにある。一方で新プラトン主義の哲学者イアンブリコスなどは、別の道——つまり、断肉により穏和な性格になれるという考えを描くのであるが。

プルタルコスの心理的菜食主義

有名なポルフュリオスをはじめとする多くの新プラトン派とは異なり、魂の不滅といったピタゴラスの主張に深く影響されながらも、プラトン自身がベジタリアンだったことはない。アリストテレスも奴隷と動物を等価なものと見做していた――今日では疑わしいが――[11]との事実はあるが、ベジタリアンではなかった。これら古代の思想はプルタルコスにさしたる影響をもたらさなかった。菜食主義の実践をギリシアで初めて霊魂の不滅と切り離して考えたという意味で、彼はいささか変わったベジタリアンだったと言える。プルタルコスはその試論においてむしろ、殺され解体された動物を連想することのおぞましさを理由に肉食の拒否を正当化し、しかも肉食はヒトを攻撃的にすると確信している。言い換えれば彼の菜食主義は、倫理的、宗教的というより心理学的なのである。プルタルコスはさらに、ヒトによる肉食の起源を長きにわたり問い続けた。曰く、ヒトは他の動物に比べきわめて特異な肉食者である。つまりヒトは自然の摂理によって肉食なのではなく、文化による、さらに言えば文化的堕落による肉食者なのだという。

テルトゥリアヌスの禁欲的菜食主義

西暦三一三年、コンスタンティヌス帝によりキリスト教が国家宗教とされて以来、キリスト教的な思想が主導権を持ち、さらには独占的な規範となった。キリスト教的に言えば、人間は支配する種である。動物には平等も正義も憐みも与えられない。肉を食うことは、神を讃えるという人間の生き方の一部を成している。この肉は神の恩寵であり、それは人間の生の質を高めてくれる。それを断つことは、神が寛大にも与えてくれたものを拒否することなのだから冒瀆と言ってしかるべきものだが、グノーシス派の死海文書が描くイエス像は少し異なっており、ベジタリアンのセクトに通じる姿を見せている。もっと言えばキリスト教徒の皆が皆野蛮とも言うべき肉食者になったわけではない。たとえばテルトゥリアヌスは、キリストや使徒たちが肉食を許したとの考えを講じるキリスト教徒に激怒し、書物にさえ著している。これがおそらく、肉食が肉欲と淫蕩に結びつけられた最初の例だろう。

マニ教徒による肉体の拒否

マニ教徒はまったく異なる理由で肉食を拒んでいる。これはピタゴラス派のように、ひとつの魂に宿る別の生き物を敬うという積極的理由によるものではない。むしろ、恐怖、疑い、嫌悪に基づく消極的理由に関わるものだ。もととなる素材すべてが悪質な肉は、悪の王国のものである。その摂取は肉体を鈍らせ、神のもとへの飛翔を阻むだけだ。

マニ教徒の系譜に連なるカタリ派も同様に、あらゆる肉は交接により生じ、したがって不純だという理由でおぞましいと考える。少なくとも彼らはそう公に主張している。一一六三年から一一六七年までカタリ派糾弾の説教をまとめたシェーナウ修道院のエクベルトが実際に挙げる理由はそれよりひどい。曰く、あらゆる肉は悪の産物であり、どれほど必要に迫られた場合でも摂取は罷りならない。カタリ派その他の異端のベジタリアンともマニ教徒とも闘ったキリスト教社会のなかにもまた、断肉をする修道士や聖人が含まれている。このような厳格な食事法は、やはり神に近づくための何よりの方法と考えられているのだ。

反論の声

後のルネサンス時代になると、キリスト教世界のなかで異説を説く声はより執拗さを増してくる。とりわけエラスムスは『痴愚神礼讃』において、狩人たちがおこなう慣例化した殺戮を辛辣に描いてみせる。さらにその友人トマス・モアは『ユートピア』のなかで、狩猟と野生動物の殺戮を断固たる態度で糾弾した。モアは牧畜が広大な土地を要することを最初に指摘した人物でもある。もっともモンテーニュをはじめ、動物の扱いを考慮する思想家が当時もいたとは言え、じっさい菜食主義となった者はほとんどいなかった。レオナルド・ダ・ヴィンチは例外的なひとりである。彼は口のことを「あらゆる動物の墓」と語り、やむを得ない理由があるとき以外は肉食を拒絶した。一方、神秘思想をものするヤーコプ・ベーメは、食うために動物を殺すことは魂と神の間に壁を打ち立てることだと主張し、菜食主義の選択を正当化している。

デカルトの時代にベジタリアンであること

ピエール・ガッセンディ[12]もまた、デカルト派と頑ななまでに敵対したことで知られている。『瞑想』においてガッセンディは、動物は感情を持っており、ヒトと動物を言葉を使うかどうかによって区別するのは端的に馬鹿げていることを示し、動物機械論を激しく攻撃した。加えてヒトが肉を食う必要性にも異を唱えた。ヒトは本質的に肉食との立場をとる友人ヴァン・ヘルモント[13]に対しては、ヒトの整然と並んだ歯は肉食動物の歯より草食動物の歯に近い、と反論している。プルタルコスを引用し、素手で他の動物を殺せる器官も力もないヒトは、肉食にこだわるいかなる理由もないのだとつけ加えて。また動物の保護を訴えるのは、必ずしもイメージされるような人々ではない。動物の殺傷を侵略戦争になぞらえるモーの大司教ボシュエはその例だろう。これらはフランスでの話だが、当時菜食主義の倫理が隆盛を見せ始めたのはむしろイギリスにおいてだった。

十七世紀と十八世紀における イギリスのベジタリアンたち

この時期のイギリスのベジタリアンを代表する人物といえばトマス・トライオン[14]だろう。トライオンは一六五七年にヤーコプ・ベーメの業績を知ったと思われ、その後ベジタリアンに改宗している。トライオンの影響は後に詩人シェリーにまでおよび、その著書『七十五の良食材による上品な料理のメニュー』（一六九一）はおそらくベジタリアンに向けた最初の料理本である。トライオンが特例という訳ではない。彼の菜食主義の信条は、当時の知識人、とりわけ王立協会のメンバーでありそれぞれ一流の博物学者、植物学者でもあるジョン・レイや詩人のジョン・グレイ、アレクサンダー・ポープにも見られるものだ。

一方で多数派は古典的な肉食を続けていた。一六五三年、ヘンリー・モアが肉を新鮮に保つ最良の方法として畜産を挙げているのもその例だ。畜産じたいに対する批判はさしてなかったが、広がり始めていた解体にはかなり激しく強烈な論争が湧き起こった。ついに一七七六年、動物の権利に関する初めての論文、『野蛮なる動物にたいする慈悲の義務と残酷行為の罪に関して』が司祭ハンフリー・プリマット[15]の手により記されることになる。

さまざまな菜食主義協会

「ピタゴラス流の食事法」が公式な「菜食主義の」食事法となったのは一八四七年、ラムズゲイト[16]にあるノースウッド・ヴィラ――後に菜食主義協会の創始者となるウィリアム・ホーセル[17]が運営した水による病気治療を専門とする診療所――における会議でのことだった。ホーセルは、動物性タンパク質と植物性タンパク質には何ら違いはないと明言し、植物はタンパク質を構成する主たる物質であることを示したドイツの化学者ユストゥス・リービッヒ[18]の研究から強い影響を受けている。リービッヒの研究が示した事実は菜食主義の主張の科学的認証と考えられた。ラムズゲイトの会合には聖書派のキリスト教徒のみならず、アルコット・ハウス・コンコルディウム――羊毛を拒否し、朝五時の起床、冷水浴、火を通さない食事、禁欲を義務とした自然な生活を説く厳格な教育機関――の会員も集まった。一八五〇年には、ウィリアム・メトカーフィ[19]（エマヌエル・スウェーデンボリの弟子のひとりであり、肉食は堕落の徴と考えた）がアメリカ菜食主義協会を創始した。

この時代の菜食主義は、基本的に食事療法の面から議論されていた。肉は食う者を攻撃的、暴力的にすると考えられ、菜食は最大級の長寿を保証するというのである。イギリスにおける菜食主義運動はごく小規模ながら国民に強い影響を与え、畜殺場に対する人々の感覚は大転換を遂げている。また、肉食に端を発する残忍な話がいろいろ聞かれたこともあり、肉食拒否への共感につながった。とはいえ十九世紀を通して、ベジタリアンの総人口は流動的だった。世紀末になり、中産階級の出現が状況に新風をもたらす。社会主義、遊牧、簡素な生活の流行はこの新しい風潮と無関係ではない。

十九世紀から二十世紀にかけての菜食主義運動のあり方

二十世紀初頭、イギリスの劇作家ジョージ・バーナード・ショウの食への姿勢は菜食主義運動の宣伝に大いに貢献するが、この時期他にも重要な働きをした人物は少なくない。リヒャルト・ワーグナー[20]は一八八〇年から死の年である一八八三年にかけ、多くのエッセイで彼流の菜食主義理論を発表している。健康上の理由から肉食を余儀なくされていたことに不満を抱いていたワーグナーは、周囲には菜食主義になるよう求めたが、義妹のウィニフレッド・ワーグナーによれば、本来はトルストイやガンディーのように純粋に倫理的な理由でベジタリアンでありたいと思っていたようだ。逆にジョージ・オーウェルやG・K・チェスタートンなど、影響力あるイギリス人作家たちはまったく反対意見かほぼ反対意見で、ベジタリアンをひたすら侮蔑したのである。一九三〇年代になると、屋外活動、日光浴、ヌーディズム、健康食品としての果実や野菜といった流行とともに、菜食主義の考えは発展を遂げる。アメリカ合衆国のゲイロード・ハウザー[21]とスイスのマクシミリアン・オスカー・バーチャー＝ベナー[22]は菜食主義のクリニックを開いた。一九二八年にはニナ・ホザリ[23]が自然治癒のクリニックを始め、マニ教を創始した司祭マニやグノーシス派にかつて見られた考えを現代へと蘇らせた。ジョン・ボイド・オア卿[24]は健康と食事法を結びつけた最初の人物である。だがレセスターでビーガン協会が開設されるには一九四四年まで待たなければならない。面白いことには、戦後の文学には菜食主義療法が人を穏やかにし、平和を奨励するという考えが見られない。それはたぶん、ヒトラーがベジタリアンであったらしいことと無関係ではなさそうだ。

二十世紀末における カウンターカルチャーと動物の権利

二十世紀後半を通じ、ベジタリアンの状況はカウンターカルチャーと新たなエコロジー運動の影響を受け、大いに変化する。「動物の権利」という表現は一九六五年、ブリジッド・ブロフィー[25]がトマス・ペイン[26]の『人間の権利』（一七九二）というタイトルになぞらえ、『サンデー・タイムズ』紙掲載の時評につけたタイトルとして生まれた。ピーター・キャディ、アイリーン・キャディ[27]の著書『ファインドホーンの庭園』も同様に、当時の共同体主義の新しい試みを代表する作品である。モレイ湾を臨む土地にふたりの著者が立ち上げた共同体は、純然たる菜食主義の場となっており、自然志向の人々による協力のもと、多くの花や野菜を育てていた。アイリーン・キャディは、これらの人々は野菜から「より繊細なエネルギー」を摂取し、野菜や花の生育の源となる光も吸収していると書いている。

一九六〇年代、菜食主義はイギリスで大いに広まってゆく。たとえば一九六八年、ベジタリアンのレストランはロンドンに十六軒、国内の他の地域では十八軒あった。一九七八年になるとロンドンに五十二軒、イギリス全体では八十軒となっている。カウンターカルチャーは、ヒトは地球を使用している一員に過ぎず、地球は保護しなければならないという考えを生み出した。一九七〇年代には、殺虫剤も合成添加物も使われていない「純粋な食べ物」という概念が広まる。後に、工業的畜産の負の側面が露呈すると、多くの人々が菜食主義に転向した。例を挙げれば一九九〇年代のイギリスでは、毎週数千人が新たにベジタリアンとなっている。これら新たな信者の出自はもはや中産階級だけでなく、庶民階級にも広まり始めた。そして栄養学の専門家も、菜食という選択をますます積極的に捉えるようになった。たとえばＮＡＣＮＥ（栄養教育に関する国家諮問委員会）が発行する（イギリス政府は隠したいだろう）報告書は、健康的な食事とは、特に動物性食品に含まれる飽和脂肪酸、塩分、糖分が少なく、逆に肉にはほとんど含まれない繊維質に富んだものであるべきだと強調している。

chapter 3

一皿目のメインディッシュ

倫理的ベジタリアンに「ならない」ことの、
いくつかの（正しい）理由

米国の哲学者ジョン・ローレンス・ヒルは、一九九六年に発行された『菜食主義の事例――小さな惑星のための哲学』のなかで菜食主義の立ち位置を分析し、肉食者の批判に反論している。この著作はベジタリアンの特徴である奇妙な理屈を見てゆく手がかりとして興味深いものだ。

たとえばヒルは、菜食が広まれば食肉用に供給される家畜はおのずと社会から消えるだろうとは考えられないと言う。われわれが皆ベジタリアンになれば、食用として育てられる多くの動物が生まれなくなることは否定しようがない。だがヒルはこの理屈を認めず、残念というだけでなく正直仰天の比喩を使って結論づける。曰く、わが子が奴隷状態でしか存在できないというなら、奴隷にするために子どもを作ることも受け容れよというものである。それはつまり、ある種の「生物多様性」――人工的なものであれ――に基づいて生存を維持するには、奴隷主義者になるしかないということだろうか？　食べることをやめれば家畜の数は大幅に減るとは証明されていないと答える方がよりシンプルで有効なのではないだろうか？　生存それじたいの肯定に反論するときはましなのだが、ヒルには、動物の数ではなく多様性を問題にする肉食論者のエコロジカルで伝統継承的な基盤への理解が欠けている。

　栄養摂取の観点からヒトは唯一の特別な動物であるべきだと考える段になると、ヒルは完全に脱線する。じっさいこの意見も諸刃の剣だ。徹底した肉食者であれば、倫理的ベジタリアン同様ヒトの特権を疑問に付すだろう。ただしベジタリアンとは異なり、ヒトをも食うべきだと要求して。普通の肉食者なら、馬鹿げた道徳に拘った感情的な理由による胡散臭い禁止が「食べ物の欠如」を招くせいで、栄養源のかなりの部分が奪われてしまうと考える。そして工業的畜産のなかで仔牛が短い生を生きることは結局生まれないことよりましなのかが論点になると、ヒルにはますます説得力がない。肉食と工業的畜産は、彼が考えているほど関連性があるのか？

　一方、飼育する動物を養うための敷地を放棄することにより《解放された》土地にはより多くの牡鹿や雌鹿が生存するのだと揺るぎなく断言するに至っては、もはや滑稽である。ベジタリアンは大いに反論するだろうが、彼らの精神は永遠にバンビシンドローム[28]に取り憑かれている。ヒルは疑うことなく、肉食を正当化するのは不適切だと強調し、動物自身が食われないことを望んでいると言うが、逆のことだってありうるとつけ加えるのを怠っている。逆とはつまり、動物は死なないことを望んでいるなどと言えるかということだ。

肉を食し、他の動物の殺害はヒトの摂理のひとつだと明言する一部の肉食者に対する反論はより興味深い。端的に言って、肉への嗜好は過去から生理学的に受け継がれてきたとする議論など、わざわざしなくともよい。肉を食うとはわれわれの心理構成そのものに属しているのだ。この主張を強固にするのに肉食者たちが出してくる論拠には、ヒルは元来有利に反論できるはずである。だがそこにおいてもその論理はまったく水かけ論で、ほとんど有効性がない。肉食者に対抗するため彼自身が持ち出してきた同じ土俵に上がってきたのになぜ反駁しないのか。そもそも考古学や歴史学の証拠は扱いが難しい。殺すことと殺されることは自然の一部であり、それに抗うことはいささか馬鹿げている。ところがヒルは、ほとんど説得力のないはぐらかしでお茶を濁そうとする。あらゆるものは死ぬ運命にあるからと言って、ヒトは殺す権利を持つという意味ではないと言うのだ。彼が拠って立つのは、殺すことと死なせることを区別する一部の哲学者の議論だ。だが西洋のほとんどの肉食者同様、少々皮肉な肉食者ならこう反論するだろう。私はいかなる動物も自分では殺したことがない、つまり実際の捕食者ではなく、肉屋ですでに死んでいる動物の肉を見つけ食べることで満足するハイエナなのだと。

ヒルの論理にはっきり表れている本質は別のところにある。一点の曇りもなく確信に満ちたその考えによるならば、他の動物と交流する唯一の良策、いかなる諍いも起こさず、いかなる痕跡も残さず、いかなるためらいも起こさず、いかなるアポリアをもたらさない方策とは、動物を食べないことなのだ。結局ヒルは、ベジタリアンの態度には利点しかなく、グレイゾーンはいっさいないと考えているのである。

ベジタリアンの倫理的奇蹟

ヒルの主張には、今まであまり気づかれなかったベジタリアンの論理の根本的性格がよく表れている。つまりベジタリアンの態度はつねに、どこまでも無償で優れたものとして提示されてきたということである。そのような「倫理的奇蹟」は多少なりとも批判力のある者には疑惑しか生み出さない。じっさい神も進化も、肉食を断てば動物と良い関係が築けるという恩恵など授けてはくれなかった。真の生活においては、薔薇にはかならず棘がある。だが、菜食主義の主張を従来とは違った角度から検討してみれば、ある状況がより際立ってくる。

指摘できるのは、ベジタリアンの態度におけるいくつかの大きな問題である。まず気づくのは、ヒトと他の動物の間にアパルトヘイト政策を持ち込む生物間のヒエラルキーだ。結局こうしたヒエラルキーはヒトの特権的地位の回復と動物の排除に通じる。その先にあるのは、動物性そのものを根絶しようとする倫理的ベジタリアンの破滅的な側面であり、さらには、ヒトに無垢の態度を要求し、非現実的な情熱により生物の世界を合法的に作り変えたいと仕向けるような、世界における残酷さを否定する態度である。倫理的ベジタリアンの態度がさらに驚きなのは、生物相互が利害的に対立する場はなく、倫理的調和に優る調和はありえないと考えていることだ。この点からまた、倫理的菜食主義の中心的パラドクスが生じる。自分の獲物と利害が対立する肉食動物はどうしたらいいのだろうか？

植物もまた感覚を持つ存在である

ベジタリアンの態度の中心にあるのは、生物間のヒエラルキーだ。この態度が依拠しているのは、ひたすら関心を払うべき動物と、たいてい純粋かつ単純に道具と化した植物の間の絶対的な区別である。それにベジタリアンは、植物を食べることは殺すことや苦しめることとと無関係だと考える。だが植物は死せる生き物である。それなのになぜ、植物を殺すことより動物を殺すことを正当化できるのだろうか？　J・B・S・ホールデン[29]はベジタリアンとは自分が食べるニンジンの叫びが聞こえない者だと定義した。なぜニンジンを苦しめることが兎を苦しめることより倫理的でありうるのか？　だがいささか人を失笑させるこのような質問を、無碍に退けることはできない。じっさいこの問いは相当な破壊力を内包しているのだ。ニンジンは兎より苦しまないという主張は、倫理的ベジタリアンが断固拒否する苦しみの程度差という例の議論に参入してしまうことになるのでありえない。たいていのベジタリアンは、食われる植物は苦しまず、また自身の利益不利益というものもないと無邪気に信じているが、その思い込みは考えているほど合理的でも経験主義的でもない。

　世界中ほとんどの文化において植物はある種の感覚を持つと考えられており、とりわけシャーマニズムの文化では顕著だ。西洋でも、少なくともゲーテ以降には見られる考えである。興味深いこの現象は今日ますます研究が進んでおり、なかでもエディンバラ大学のスコットランド人植物学者アンソニー・トレワヴァスの仕事は重要な役割を果たしている。二〇〇五年の著作『自然のなかの知性　知を求めて』において、知性についての学際的な調査をおこなったジェレミー・ナービーが語るトレワヴァスとの出会いから紹介しよう[30]。アマゾンのシャーマニズムの専門家であるトレワヴァスにとって、植物の知性はつねに重要な問題であった。二〇〇三年、トレワヴァスはアンデス椰子（*Socratea exorrhiza*）の行動について記し、この樹木が根を誘導しながら光に向かってどのように位置を変え、より日当たりのいい場所を確保するためにライバルの邪魔をするかを示した。アンデス椰子のこの企ては数か月に及んだ。トレワヴァスは、植物には意志があり、決定を下し、彼らの環境の複合的な様相を推し量ると考えている。栄養素の配分をあえて不均衡にした環境下に置かれたセイヨウカキドオシ［キヅタ属の蔓性植物］の研究は、この観点から見て興味深い。植物はその根を栄養に富む場所にすばやく伸ばすことにより資源を確保する。根はより肥沃な区域に最速で到達しようと弛みなく貧しい土壌を渡っていくのである。トレワヴァスはこの観察から、個々の植物は環境に適応するためその形態を変化させ、その根の枝わかれを変容させる能力があると結論づけた。植物はおそらく考えはしない。だが計算し、遭遇する問題に適合するように反応するのである。

トレワヴァスはまたクスクタ［ナシカズラ属、ヒルガオ科の寄生蔓性植物］についても同様の観点から研究している。この植物は自らの栄養摂取能力を使い、他の生物の周りに巻きつこうと位置を変える。クスクタは一時間のうちに寄生しようとする植物から搾取するか、あるいは別を探すべきか「判断」するのだ。トレワヴァスによれば、クスクタは「その場の選択」をおこなっている。つまりもしそこに留まるとすれば、寄生先の植物が持つ栄養素の恩恵をもらえるまで数日待たなければならないが、クスクタは環境が持つ肥沃さをあらかじめ予測し、さまざまな方向に巻きつきに行くのである。

一九九〇年、トレワヴァスは研究チームにおいて、タバコにプロテインを注入し、細胞内のカルシウムが増量すると光るよう実験をおこなった。細胞内のカルシウム濃度の変化は、植物が外界の事象を感知する主な方法のひとつなのだ。「カルシウム・イオンへのトランスダクション[31]構成要素の増大は、神経のネットワークにおけるコネクションの数の増大とのアナロジーで捉えられる」とトレワヴァスは書いている。そして情報の流れの増加は、細胞のある種の学習、したがってある種の知性を表しているのだと結論する。あらゆる接触がただちにタバコを反応させる。ヒトの神経の場合、情報を伝達するときにより多くのカルシウムを生産する。植物には脳はないが、学習し、記憶し、決定する。じじつこれらは一個の脳であるがごとく動いている。

　庭師やシャーマンならもとよりわかっていた以下のことを植物学者は確認する。植物は真に生きているのだ。この発見は当然ながら科学界に多くの議論をひき起こすことになる。論争はとりわけ、トレワヴァスの記す根拠は一部とはいえ植物には本当に知性があることを示しているのかという点に及んだ。この疑問が出てくるのはもっともではある。だがこの研究から得るべきことは非常に明快だ。あらゆる生き物同様、植物にも利害があり、それを精力的に追及している。おそらく植物には哺乳類とまったく同じ知性はないが、だからといって植物を人間の意のままとなるたんなる対象と考え続けてよいなどという主張は説得力がない。

ナービーは植物の知性に関する章を強烈な内的経験の描写で締めくくっている。

「私は自らを植物的時間の体系のなかに置こうとしてみた。だが私の思考は動物の速度で走り続けた。私の心にあるイメージが浮かんだ。ソファに座って身じろぎもせず、植物について思索中のトレワヴァスのイメージ。植物を理解するため植物のようにふるまい、植物に知性を見出す。シャーマンのごとく、彼は知の名のもとに自然と一体化する。彼の眼は輝いていた」

ベジタリアンにおける生物の序列

ベジタリアンが動物を食うより栽培された野菜から栄養を得るほうが害が少ないと考えるのならば、彼らは農地を耕すために殺す一本の草、一匹のミミズ、または一匹の昆虫は、一頭の牝牛より重要性において劣ると考えていることになる。だとすればこちらも、なぜ彼らは自分で拒否すると言っていた「生き物の序列」をこっそり持ち出してくるのかと声を大にして問うことができる。ジョアンヌ・エリザベス・ローク[32]のように、昆虫への軽視に憤慨の声を挙げ始めた人々もいる。もし牝牛がミミズより知性が高い（あるいはアングロサクソン的な言い方をすれば、より繊細）とすれば（絶対確かだとは言えないことだ）、倫理的ベジタリアンは十分愚かな牛なら食べられるし、場合によっては倫理的に食せるようバイオテクノロジーで完璧に愚かな動物に変換できるとでもいうのだろうか？

二十一世紀の西洋人には自明と見えるこの認識の基準は、すべての人に共有されているわけではまったくない。ヒンドゥー教徒はおそらく牛よりチンパンジーを殺すほうを選ぶ。牛が霊長類より知性において劣るとしてもだ。こうしたヒンドゥー教徒の価値体系を西洋人の体系より価値が低いと言えるだろうか？

倫理のグラデーション

倫理的ベジタリアンのほとんどは、はっきりした善悪二元論を認めない。彼らの大多数は、関与の度合いが重要だと考えている。盗みは非難すべきことだが、一ユーロ盗むことは一〇〇〇ユーロ盗むより重大でなく、道で拾った誰かの財布を盗むことは暴行して盗るよりも、暴行して盗ることは殺すよりも重大でない。であれば、なぜ動物を殺すことはつねに非難されるのか？　結局、錯乱してどうかしたのでなければ、蚊やゴキブリを殺した者を牢獄に送ろうとする倫理的ベジタリアンは誰もいない。逆に言えばベジタリアンは、潜在的にはすでにある程度、蚊やゴキブリを殺すことは牛を殺すこととは異なるとの考えを受け容れているのだ。牛を殺すこととヒトを殺すことの違いを議論しなければならないのは、この文脈においてなのである。

多くのベジタリアンは、動物を殺さない意志を正当化するのに反＝種差別の主張をふりかざす。反＝種差別主義者にとって、彼ら自身の種、すなわちヒトを別種の生物の犠牲のもとに優遇するのは受け容れがたいものだ。種差別という語は一九七〇年、英国のリチャード・ライダー[33]が導入し、一九七五年、オーストラリアのピーター・シンガー[34]により再度取り上げられ、人種差別という語と重なりながら練り上げられてきた。だが種差別と人種差別は同じ意味を持っているのか？そこには疑問の余地がある。またカニバリズムは動物には稀であり、大型の肉食動物には存在しない。豹が同類を食うのを拒むからといって種差別主義者と言えるだろうか？　そしてもし栄養を摂るのにヒト以外の動物を殺すことに同意するとしたら、ヒトは種差別主義者でありうるのだろうか？　あるいはより正確に言えば、ヒトは豹よりも種差別主義者でありうるのだろうか？　他の種より優位に立とうとは考えず、自身を動物コミュニティのひとりだと認識している私からすると、あらゆる捕食動物と同じ行動を受け容れることが、唯一真の反＝種差別的位置を築くことに繋がるように思える。つまりある種の種差別のかたち――「他の動物がそうであるように種差別主義者である」ことは、逆説的にも種差別主義者にならない唯一の方法なのだ。

動物を殺して食うのは、動物に悪をなしていることになるのか？　ヒト以外の捕食動物に殺され、食われる方がましだというのだろうか？　その動物にとって一番重要なのは、生きるならより長く、よりよく生きることなのか、それとも別のことなのか？　たとえばリチャード・ドーキンスのような社会生物学者は、このテーマに関してベジタリアンとは異なる意見を持っているかもしれない。進化について厳格に解釈するドーキンスは、あらゆる動物にとっての利益はむしろ、何よりも最大限に繁殖することだと考えるだろう。そしてこの視野に立てば、バランスのとれた倫理的ふるまいとは、牛を食わないことではなく、その前に十分に繁殖させることだろう。

種の観点からすると、捕食は結局これまで進化の大きな要因となっており、問題になるほど倫理の領域を侵食するのでなければ、これを先験的に悪ととらえる理由はない。同様に――ポーランドの狩猟保護区で生き残ったヨーロッパ種バイソンのように――自らが対象となる狩り*ゆえに*生き延びたと言える動物もいるのだが、その支持者が主張するほど強力な説ではなく（やはり頭数による重要性の違いは議論したほうがいい）、私も参照するつもりはない。ただ強調しておきたいのは、狩られず、食われないことがつねに動物の幸福だとするベジタリアンの公式原理が、言われているほどには明らかでないということである。

倫理的ベジタリアンの矛盾の中心

したがって肉食者でなくベジタリアンこそ種差別主義者なのだ。この種差別は、「倫理的ベジタリアンの矛盾の中心」とでも呼べるところにはっきりと現れている。ベジタリアンの主要な考えのひとつは、動物を苦しめてはいけないというものである。ところで苦しみとは快楽の大元を断つことから導かれるものだ。肉を食うことに大きな快楽を感じる肉食者にそれをやめさせることは、ある種の苦しみを与えることになる。倫理的菜食主義のふるまいを肉食者に強いることは、したがって反=菜食主義的なのである。

もちろんベジタリアンは、肉を食えないという不快は苦しみではないと主張してもよい。だがそれはすなわち、許された役割を踏み越えた普遍的支配者の立場を公然と買って出ることになる。彼らはまた、肉を取り上げられた肉食者の苦しみは、食われる牛の苦しみに比べたらたいしたものではないと言うかもしれないが、この主張にはまったく根拠がなく、その能天気さには笑いを禁じえない。ピーター・シンガーはじめ一部の倫理的ベジタリアンが採る功利主義的観点では、食われないという動物の快楽をその動物を食うわれわれ自身の快楽より優位に置こうとするのはなぜか。互いに相反する利害が同一線上にあると考える理由はないではないか。この点にはまた遠からず戻らなければならないだろう。

人間にあらゆる生き物が持つ根源的欲望を禁じるという前例は存在する。古代以降、おそらくもっと以前から、精神的な運動や倫理的な運動は、多くの動物がおこない大多数の人間がずっと善と考えてきたものを悪と見做し拒絶してきた。セクシュアリティ、飽食、芸術などは、噴飯ものの良識と宗教的伝統完全保守主義に囚われた人々によりくり返し断罪されてきたのだ。人類史上、宗教運動全体に共通する特徴として、さまざまな倫理的口実を設け、すべての動物に見られるふるまいを人に禁じる態度があるが、このようなやり方は明らかに問題を孕んでいる。

快楽はじっさい肉食の不可欠な側面である。肉食などという贅沢をしなくてもよいし、菜食でも美味しい料理は作れるとベジタリアンは主張するかもしれない。菜食でも美味しい料理という部分は納得するとしても、だからと言ってベジタリアンの理屈が持つ若干の薄っぺらさは解消しない。アルコールを否定する人々もまた、一杯の牛乳やフルーツ・ジュースは一杯の最高級のワインと同じ快楽をもたらすと言う。だがワイン好きで牛乳嫌いの人にしてみたらそれは間違いではないか。一杯の牛乳を飲むことがごく心地よい経験であるにせよ、ワイン好きにとってその快楽は、ワインを飲んで得られる快楽とはまるで比較にならない。

とはいえ肉食の快楽は、他者の苦痛のうえに成り立つ以上、純粋な快楽ではないだろう。サディズムは倒錯した快楽かもしれないが、肉食の快楽の重要性を否定する理屈も同様に倒錯している。他者の苦痛の上に自らの快楽を得る者がいるからと言って、誰かを苦しめる全員がサディストだというわけではない。

見てきたように、ベジタリアンはきわめて独自のかたちを持った種差別者だ。なぜなら彼らは、彼らと同種の人々が他のあらゆる種に属する生き物と協調しようとする——すなわち彼らの利益を追求する——のを拒絶しようというのだから。

動物の利害とは何かをよりよく知る

利害という概念はいずれにせよ取り扱いに最大限の慎重を要する。もっとも過激な（多少なりとも首尾一貫した）ベジタリアンの一部は動物のためと言いつつ、このうえなく疑わしい利益を躊躇なく要求するのだ。たとえばスティーヴ・サポンツィス[35]は、捕食動物の生態を草食や果実食に転換しようと考えている。狐を草食にしたがるような過激なベジタリアンは、進化の極みとしてヒトは他のすべての種の上位に立てると信じており、肉食は不道徳で避けるべきものと考え、さまざまな生き物の食生活を進んで倫理的に規定し、まったく頼まれてもいないのに他の動物のためと称してヒトの食生活を規則で縛ろうとする。

ここで来るだろう反論の先回りとしてはっきりさせておきたいのは、ある種を食うことの倫理的評価を否定することは、進化（特に社会進化主義や進化主義的心理学におけるもっとも皮相な進化）のみが価値を持つという意味には断じてならないということだ。それが単純過ぎるのは明らかである。

ヒトを例外とする態度

矛盾するようだが、ヒトと動物を分断する倫理的ベジタリアンの姿勢は、ヒューマニストのそれと非常に近い。じっさいヒューマニストは、ヒトと動物の間には根本的な存在論的障壁が存在し、動物を道具化するという態度は倫理上まったく誤っていないと考える。西洋のヒューマニストと逆に、ベジタリアンは動物には何をしてもよいとは考えないが、ヒトが動物に汚染されることを拒み、ヒトと動物間の代謝的な関係を完全に断てないなら最小限にしなければならないと考え、前代未聞のやり方でヒトの特性に関する命題を再構築する。肉を食うとは動物の肉がヒトの肉に変化することを意味するわけだから、それはヒトの動物化というかたちで捉えられるのである。

動物によるヒトの汚染というこの発想は、キメ社から二〇〇六年に刊行された『動物の生の自由と不安』においてフランス・ビュルガ[36]がはっきり指摘していることだ。異種移植に関する情熱的な一章には、「移植を受けた患者に、ヒトに帰属し続けることを保証する」ことは医師がすべての患者に負うべきふたつの倫理的な配慮のうちひとつだ、との専門医ピエール・キュエル教授の考えが引かれている。

ベジタリアンも同様に、野蛮であることを拒否し、あらゆる形態の野蛮化、すなわち別種の生き物から代謝的変化を被るあらゆる可能性を退ける。こうしてベジタリアンはヒトを特例とするという命題を回復し、ヒトとは、肉食の主たる性格、すなわち他の動物の捕食という行動を引き受けることなく、雑食動物の身分より上位に立つ唯一の肉食（あるいは潜在的な肉食）動物だと考えるのだ。

したがって根本においてベジタリアンの立ち位置は、確信に満ちているが責任は取らない——動物に優しくはするが遠ざけておくというような——つまり、西洋的思想のなかにあってかなり独創的なアパルトヘイト的態度として表れる。

倫理的ベジタリアンはこうして、ヒトの特例的身分を否定し、他者を対等と認めるための闘いを主張する一方で、この特例的身分を復活させる。状況は一見するとやや矛盾しているが、結局そこそこ首尾よく説明される。ベジタリアンは、ヒトは他の生物に対する前代未聞の倫理的禁忌に努めて従うべき倫理的例外だと考えているのだ。ベジタリアンとはしたがって唯一の倫理的生物であり、だから必然的に、動物の生体改良権を行使できるまでに他の動物と区別されることになる。この観点からひとつの問いを掘り下げることができる。すなわち人間は自分だけがおこなえる実践をどこまで肯定的な普遍的原則として打ち建てられるかという問いである。

ベジタリアンは、そのようなスタンスはむしろ彼らが同一視されたくない社会進化主義のものだと反論するだろうが、その反論は脆弱だ。じっさい社会進化主義は想像力に溢れた生活を思い描いて闘争を促したが、彼らが規制したのは社会における権力の行使であり、根源的な代謝の過程ではない。反社会進化主義の人々は、動物の社会生活から人の社会生活への教訓を引き出せると言って反論した。ベジタリアンはこれとはまったく異なる価値観に依拠し、逆に全生物の根本的性質を否定することによって倫理的教訓を引き出せると主張する。自分たちを例外的地位に置くことで、全生物と同じことをするのは倫理的でないと考えるなど、いったいどれだけ傲慢で、心《しん》から種差別主義なのだろうか？　ベジタリアンは生態系から排除されたがっている。生の体系において相互の拘束から抜け出せる立ち位置があるのだと空想しているのだ。その意味で、彼が主張している治外法権は問題大ありだ。こうした断絶のふるまいにより、ベジタリアンは動物性から完全に脱すること、生物から動物性を排除することを望んでいるのである。

利害の対立

より普遍的に言えば、ベジタリアンが拒んでいるのは、現実世界が本質的に闘いの世界であり、たがいの基本的利害は一致どころかむしろ衝突する傾向にあるとの認識である。だがある生物にとっての食われないという利益が、その捕食者の食うという利益につねに勝っていると言えるだろうか。イヌイットのように、その集団的アイデンティティの大部分が肉を食うことの上に打ち建てられている民族の文化的利益が、アザラシにとっての食われないという生物学的利益に劣ると言えるだろうか。言い方を変えれば、生きるという利益が他のすべての利益に勝ると言えるだろうか。ベジタリアンはこのように、生物の根源的性質がまさに永続する利害の対立にあると理解するのを拒んでいるのだ。

ぺてんとしての無垢の態度

政治的制度によってより大きな人間的正義を社会に導入しようとするのは、合法的であるだけでなく、望ましくさえある。整備された制度を通して弱者がより強くなり、その運命が改善されるのだから。弱者たちが団結し、敵対する孤立した強者を排除するのは、衝撃的でも非現実的でもない。一方、世界からあらゆる残酷さを殲滅するというのは、ふたつの理由により衝撃的で非現実的だ。まず敵とはいえ弱体化した強者を排除するのは残酷だから。次にすべての残酷さを根絶すべきと思い込むことは、状況の一方的分析のみを根拠としたものだから。メリットのみ考慮し代償を考慮しないことは、片脚だけで世界が成り立つと信じるようなものだ。

じっさいベジタリアンと肉食者の対立は、とりわけ残酷さの問題をめぐり先鋭的なかたちをとる。倫理的ベジタリアンが肉食を拒もうとする主たる理由は、動物を苦しめたり殺したくないということだと考えれば、この残酷さの問題は菜食主義の議論において根源的役割を果たしていることだとわかる。ベジタリアンは残酷さを純粋に否定的なものと見ており、その完全な根絶を現実的目的だと考えている。肉食者の方は、そんな主張は非現実的であるばかりでなく、望ましくないものだと考える。ヒトが十分に動物であるには、生そのものには値がつかないにしろ、けっして代償なしには済まされないという十全な認識が必要なのだ。別の言い方をすれば、自分を動物性を超えた高尚な存在と見做し、自らの条件の根源的性質を成すものと道徳的に決裂するよりは、動物を食いつつ、自らの動物性に不可欠な妥協を私は受け容れるということだ。動物を食うことは、他の動物たちと動物性という重荷を分け合うことに帰するのである。

動物を食うことを受け容れるにあたり私がとりわけ深く認識するのは、世界には「無償の食事」というものはないこと、すなわち動物でありたいと願うのなら、動物であることが意味する生死のサイクルに関与しないわけにはいかないということである。私は他のすべての動物と同じように、生きるために殺す。ベジタリアンはお気楽にも逆の幻想を抱く。彼らは世界においてヒトが例外となり、他の生物を殺すことも害することもなく完全に自給自足的な方法で生きられると信じたいのだ。この一見思いやりある考えは、生物のあらゆる力学において本来死や苦しみが持つ役割を拒んでいるわけで、まったく非現実的なうえ、かなり病んでいる。私は肉を食うために殺すことには否定的だが、この行動が倫理的に咎められる反面、相当数の動物が今も捕食で生きており、われわれ自身もこうした狩猟のおかげで生き延びてきた面があることは確信している。これほど広くおこなわれ、種の間の力学において大きな役割を果たしてきた行為を倫理に反するなどと考えることができるのだろうか？

生命を繋ぎ、広くおこなわれている肉食を悪と見做すのはよろしくない。ベジタリアンは、肉食動物はヒトと違って肉食以外を選べないと決めつけているが、それもまたいいかげんな理屈に依拠した見解であり、問題だ。さまざまな種は機会に応じて肉食、果実食、草食になることを「選択」してきたのである。選択するのはベジタリアンだけではない。そう指摘すると虎のような肉食動物が生物学的選択、かけがえのない種としての選択をするのに対し、ベジタリアンは個人的あるいは社会的選択をしているのだとの反論が出るだろう。だがそのような反論は、ヒトによる選択を破格に重要視する場合にしか意味を持たない。特別視されたいことで、ヒトは他の生物と引き離されるのだ。無垢という態度は根本的に倫理的ぺてんなのである。

殺すことと苦しめること

食うための殺傷を否定するというベジタリアンの態度には、あらゆる残酷さと苦しみの究極的拒絶がはっきりと見てとれる。だが、残酷さと苦しみをすべて根絶するなど結局できるはずも望めるはずもない。殺すことの否定ならばおそらくより現実的に考えられるし、それじたいは考慮の余地がある。

ベジタリアンは動物を苦しめることと殺すことを一足飛びに同一視してしまう。動物から被る苦しみを最小化したいと願うことは正当で倫理的な要請である。それに比べ、殺すことの絶対的拒否は正当でも倫理的でもない。死は生物の大原則であり、死ぬことは生きものの決定的性質である。死なないなら生物ではない。ベジタリアンがこの理屈に苛立っているのは明らかだ。彼らは私にはわかっていないと言うだろう。自分は死を消滅させたいのではなく、動物に美しい死を迎えさせたいのだと。だが私が彼らの言を理解できないとしたら、それは彼らが私に語ることが単純に聞き取れないことだからだ。動物側の視点——それがベジタリアンが採用したい倫理的観点において唯一価値があるものだ——に立ったとして、この違いには意味があるだろうか？　殺されることは、動物にとって倫理的スキャンダルにはなりえない。なると信じるなら、あまりに素朴な擬人化に囚われていることになる。動物は皆食われたくないと思っているなどと言い張るのは、意味のない紋切型もしくは誤りである。あるいは植物もたぶん食われることを「望んでいない」だろう。じっさいあらゆる生物が死ぬことを「望んでいない」のだ。だからと言って、生物の利益はつねに殺されないことなのだろうか？　おそらく利益という概念の意味するところが狭い場合はそうかもしれないが、そうだとしても種が捕食のせいで細分化され、複雑化していくと、その「個別」の利益は、種の利益と対立することもあるかもしれない。この理屈を極限まで押し進めれば、すべての動物に他の動物の殺傷を禁じなくてはならないだろう。そしてここでも、ヒトが生物の世界において特異な地位にあることについて考えなくてはならないことになる。

食うためには殺さないこと

ベジタリアンは（バクテリアや蚊などからの）防御のためなら殺してよく、他の選択肢がある場合は食うために殺してはならないと考えているらしい。だがこの主張は自明のものではない。農業もまた野生のエコシステムを破壊し、そこに生きる動物を害する。「クリーンな胃袋」を持ち、どの生物をも苦しめたり殺すことなく滋養を得ることができるというベジタリアンの考えは幻想だ。真に徹底したベジタリアンなら、すべての農業行為は動物たちが暮らすエコシステムを破壊しているのだから、自ら採集したものだけを食すべきである。だがそんな状況になれば、地球の人口が一千分の一だったとしても、恒久的に飢餓状態に置かれるに違いない。

また、問題は動物を殺すということなのだから、殺さずに肉だけ得る方法を発明すべきだと考えることもできるだろう。その考えは思われるほど馬鹿げたことではない。オーストラリアのアーティスト、オロン・キャッツ[37]とパース大学のシンビオティカ［共生］グループは生検により蛙肉ステーキの製造に成功した。二〇〇三年、彼らは人間による食品製造を目指し、バイオポリマーを用いた蛙の骨格筋の培養をめぐる「身体から切り離された料理」というパフォーマンスをおこなった。生検は生きた動物でおこなわれ、その動物は生き続ける一方、そこから培養されたステーキ肉は増えてゆく。ナントで発表されたパフォーマンスでは、蛙の細胞が子宮内での器官形成術により取り出された。言い換えれば、蛙のステーキ肉がまだ生まれていない蛙から培養されたということだ。二〇〇〇年には、アーティスト集団――ハーヴァード大を基盤とするマサチューセッツの総合病院の組織工学と器官作成研究所に在籍する集団――により、「培養」された最初の非動物肉が羊の細い骨格筋の細胞と子宮内での組織培養から作られた。この実験で目指されていたのは「犠牲なき肉」の発明なのだ！　オロン・キャッツ、イオナ・ザール、ガイ・ベン・アリー[38]が書いているように、ここでは次のようなことを問うことができるだろう。「半―生物の到来でわれわれの社会では他者への配慮が進むのか、あるいは生の物象化が進むのか」。ある動物のクローン化は、それを完全に殺すことなく食うことを可能にするだろう。この試みはベジタリアンには馬鹿げたものと映るに違いないが、本質的な課題と前面に扱われている問題はかならずしも一致しないということを、かなりの説得力をもって示している。

あらゆる残酷さの欠如した世界における無限の残酷さ

苦痛も残酷さもない世界の追求は一見好ましく思えるが、そのようなユートピアが依って立つふたつの根拠は誤っており、本気で議論すべきである。ひとつ目は苦しみはつねに否定すべきものだということ。ふたつ目はそのような世界が動物にとってよいものだということだ。

まず、苦痛には本質的にはポジティブな面がある。苦痛のおかげで生物はただ存在するのでなく、自分の存在を認めることができるのだ。肉体的に苦しむことのない者は、世界の中でつねに危険な状態に置かれることになる。なぜなら彼には、自身の限界点に気づかせてくれるどんな精神生理学的指標もないからだ。たとえば焼けるときの痛みを感じることは、気づかないまま重大な火傷を負うことの防止になるだろう。

存在の苦痛と残酷さが持つもうひとつの成果――逆説的にもポジティブな成果――は、血と辛苦に塗れた進化主義の歴史から愛他心や共感のようなすばらしい感情が発生したということである。この視点から、アートや科学、またより一般的な個人の体験の事例を多く論じることができるだろう。これらすべてが示すのは、ある種の残酷さは世界に実体を与えるためには必要だということだ。

動物が個々のレベルで自分の苦痛を最小限にしたがるとしても、普遍的に見ればその動物にとって苦痛は何らかの意味を持つかもしれない。じっさい、あらゆる苦痛を排除した世界の本当の意味について考えてみなければならないだろう。

そんな世界は端的に言って耐えがたく、さらに痛ましく不毛であるはずだ。われわれの理性はふだんこうした問いには閉じられている。なぜならわれわれは願望を現実と取り違え、善意は完全に無償だと言わんばかりに、有益だと信じ込む行為の代償のことは考えない傾向があるからだ。

つまり残酷さのない世界に生きることは可能ではあるだろうが、そんな世界には味わいがないはずで、そこに生きるということじたいが無限の残酷さとなるのである。アメリカの哲学者ジョン・ベアード・キャリコット[39]が、ある生物が苦痛なしに一定レベルの複雑さに到達するのは不可能であり、軋轢のない生を探求するなど「生を嫌悪する者の価値論」だと断言しているのも、まさに同じ主張だと言える。

生物の中心においてリスクをとること

というのは、生物の根源的性格はリスクに身をさらしリスクをとること、言い換えれば苦痛と痛みは他の利害ほど重要でないと見做すことだからだ。だから特段難解な形而上学的考察に浸らずとも、できるかぎり長生きするより多少怪しい物質に進んで汚されようとする人々が何千万もいたり、寿命は延びても退屈で単調で整い過ぎた生活より、面白く危険に満ちた生が絶対いいという人々が何千万もいる。それはベジタリアンも認めることになるだろう。あるベジタリアンがレーシングカーを運転したり険しい山に登るより、庭にニンジンを植えたり珍しい果物を探して愛想のないジャングルを探検する方が好きだというのは正統な個人の好みに起因しており、それは当人にしか関わらない。だがそれを普遍的倫理とする何の理由も存在しないし、カンディード[40]は誰しものヒーローではない。ところで、ヒトにとって真実なことは動物にとってもそうである。その例は、カリフの座を狙ったり、その座に居続けるためあえて危険に踏み込む者から、多くの動物に見られることだが、好奇心の趣くまま向精神性物質を死ぬほど摂取し、絶望的状況に追い込まれた猫まで、枚挙に暇がない。

動物の苦痛をめぐる問いが深刻な事柄だとして、ベジタリアンが否定しようと思い描くより、世界における残酷さのあり様はずっと複雑である。だがベジタリアンにとって、世界はかならずしも涙に沈んでおらず、ささやかな善意を持って懸命に働き、お誂えのルールがあれば、人と他の動物間にあるあらゆる残酷さの痕跡を消し去ることが可能なのだ。こう言われれば、ベジタリアンのユートピア計画には賛同するしかない。だが残酷さが根絶されてもなお、善意は存在するだろうか？　このような理想は生物には実現不可能で、ロボットにのみ可能なものだ。

残酷さの倫理

能天気で説教臭いベジタリアンが世界といかに関わるかを理解するうえで、現実の残酷さとその回避のための戦略について書かれた哲学者クレマン・ロッセによる著作、『残酷さの原則』（ミニュイ社から一九八八年に刊行）はとりわけ役に立つ。「真実の残酷さ、現実の荒々しさを緩和しようとする者は皆、どんな立派な動機、どんな優れた企ての価値をも結果的には必ず失墜させる」。

ロッセは「残酷さの倫理」をシンプルなふたつの法則でまとめている。それは十全なる現実の原則と不確かさの原則だ。現実は別の事物によってではなくそれ自身でしか説明されない。そのことを定めた最初の原則は、いくつかのごく稀な例外（ルクレティウス、スピノザ、ニーチェ、ライプニッツ）を除き、哲学者の大半から却下された。それはなぜか。現実は残酷で苦痛に満ち、悲劇的かつ容赦ないものだからだとロッセは書いている。それは二重に正しい。というのは現実が残酷であるだけでなく、その残酷さそのものがまさに現実的だからだ。こうした状況に対峙し、人間は二重の障害に苦しむ。つまり、現実の残酷さを理解する知的能力と、相関的に引き受けることになる心理的不能感である。ロッセが皮肉を交えず強調するのは、現実は倫理の敵だということだ。ロッセは、あらゆる問題の大元となるこの事実認識にどう向き合うかにより哲学者を二タイプに分ける。つまり（情深いが効果を上げない）治癒哲学者と（効果を上げるが冷酷な）医療哲学者である。

ふたつ目の原則は不確かさの原則であり、ベジタリアンにも適用していいものだ。人間は不確かさに耐えられない。ある原理を信じ込む者はそれが確かだと感じられるという事実に魅惑されているのだ。現実の残酷さを引き受けることの拒否と信じるべき原理の徹底的探求——そこには現実そのものの否定も含まれる——は、ラディカルなベジタリアンの特徴をよく表している。

じっさい徹底したベジタリアンが動物的な生に向ける敵意はじつに深い。彼らが真底満足する唯一の方法は、地上のあらゆる動物的な生を消滅させることだろう――それはすべての苦痛とすべての捕食を根絶する唯一の解決策である。大半のベジタリアンは悪びれもせず、そんな企みなどないと抗弁するはずだ。だがある意味、こうした態度が状況をいっそう悪化させるように思える。彼らは潜在的には自らのやり方が無益で根拠を欠くことに気づいているからだ。だとすれば、中途半端にしか達成されない倫理的な計画に意味などあるのだろうか?

進化について

苦しみも残酷さも利害間の絶えざる対立も存在しないウォルト・ディズニーの魅惑の世界に生きたいと願うことは、少し大人になれば諦めるはずの子どもの夢である。ラドヤード・キプリング式のジャングルの掟という古の世界観をきっぱり捨て去ったからといって、進化の理論とミッキーの世界が両立するわけでは決してない。

多くの困難をともなってではあったが、ダーウィンは、種はたがいに選別されつつ、創造主なしで進化することを理解するに至った。彼はすべての種は絶えず互いに競争状態にあり、もっとも不適合な種（かならずしももっとも弱い種ではない）は優位にある種のために消滅することに気づいた。残酷さの原則はつまり生物のダーウィン的アプローチの核心にあるが、（一見するとかならずしもそのようには認められない）「強者」が情け容赦なく「弱者」を選別することから、ダーウィンはその考えを大いに非難された。

生物の進化をめぐるダーウィンの考えには当然ながら三つの反論をすることが可能だ。まず、進化に関して、われわれがより共感できるような別のアプローチも可能であるということ、次にダーウィン的進化はわれわれの過去を構成してはいるが、それが未来にも永続するいかなる理由もないこと、最後に哲学者デヴィッド・ヒュームの言うように、世界において現にある状態から規範となる処方箋を取り出してはいけないということが挙げられる。

ピョートル・クロポトキンら進化をめぐる理論家はかなり早い時期から、協力と相互援助の原則が、しばしば先行する競争と選抜の現象とまったく等しく根源的なものであることを証明しようとしていた。霊長類学者フランス・ドゥ・ヴァール[41]のような、われわれにより近い動物行動の専門家らも同じ考え方ではあるが、生き物の進化に協力が関わるのは一部に限られていることを示しており、微妙に異なっている。進化のなかで動員された協力の原則は、それとは相容れようもない本来の進化論が持つ残酷さの原則とむしろ結びつく傾向がある。世界はすべて白いわけでもすべて黒いわけでもない。それは黒くて白いのだ。この世の初めから知られていることのことは、奇しくもつねに想起されなければならないのである。

進化論がわれわれの過去に属し、現在には何ら関与しないと信じることは、『不思議の国のアリス』の赤の女王を通しルイス・キャロルが優雅に示したように、口当たりはいいが誤った幻想である。彼女はアリスに、その場に留まるには永遠に走り続けることが肝心だと説明する。なるほど進化主義的な見地に立てば、それぞれの生き物はすでに十分な段階に到達しているにも関わらず、たえず変化しなければならない。進化そのものを止めるのでないかぎり——まずは通常の一生物を超えた話であるが——それぞれの種は永遠に変化させられることになる。この意味で、世界の残酷さとはつねにアクチュアリティを持ち、それを否定することは世界を否定し、単純に消滅することにつながるのだ。

結局、ヒュームの原則（哲学をかじった誰もがしょっちゅう参照し、この地上で偶発的に起きる具体的事象から倫理的行動を引き離したがっている）はたいがい正しく解釈されていない。実用主義的経験論者であるデヴィッド・ヒュームは、倫理的にふるまうのに世界を考慮に入れてはならないという考えには賛同しなかっただろう。彼は経験的現実をそれに先立つ規範の唯一の基準にすることは拒絶したが、倫理的ふるまいを現実のあらゆる痕跡から切り離すよう奨励したわけでは断じてない。だがベジタリアンは、動物が現に苦しんでいるとの経験主義的研究結果を挙げ続けては、自身の立場を正当化する。私の主張は自然が殺戮を強いているということではなく、肉食動物が存在して以来、捕食は世界のダイナミズムの中心的位置を占めており、人間が自然に反して倫理的でありうると認めるのでないかぎり、多くの生物の日常事を堕落と捉えるのは困難ということだ。別の言い方をすれば、自然に基づき倫理的規範を打ち立てるという欲望と自然に反してふるまうことを倫理的とする考えは、少なからず隣接する関係にある。不思議なことにどちらの倫理的要求を見ても、自然のダイナミズムに対してはほとんど批判的でない。生物を殺すことがベジタリアンの気に入らないことは理解できるが、それは倫理上の違反ではまったくない。合法的にふるまうことはかならずしも優しくふるまうことではなく、あらゆる暴力が本質的に合法的でないわけではない。暴力は子どもに対するふるまいとして規範的方法ではないが、暴力という手段を禁じられたり、あらゆる暴力から根本的に守られている子どもが適切に発達し、バランスのとれた創造的な人間になるだろうか。他の動物に対する暴力を欠いた生はたぶんより倫理的かもしれないが（そしてさらに、そのことをまさに議論したいのだが）、真に生きるに値する生を成すものに比べ、何か本質的なものを欠いている。結局、われわれが考えるべき現実とはだいぶ異なる以上、恣意的な状態を適当なアナロジーで使うことは疑わなくてはならないのだ。

自然を根本から作り直す

前述したことから、倫理的ベジタリアンはありのままの自然を憎んでおり、空想の自然のほうを好む者であると結論しなければならない。

ベジタリアンが表明する肉食の嫌悪は、根源的には動物の嫌悪——他人にも、たぶん自分自身にも周到に隠している嫌悪——である。彼らが嫌っているのは肉以上に、ヒト自身と動物なのだ。別の生物にどんな苦痛も与えないヒトなど、端的に言ってヒトどころか動物を超越している。なぜなら動物性の根本となる原則はまさしく苦しみつつ苦痛を与え、脅かされつつ脅かし、嫌悪しつつ嫌悪されることだからだ。ここでもまた、はっきりさせておかねばならない。私が言いたいのは、動物が他者を苦しませ、自ら苦しむことを望んでいるなどということではなく、ただ苦痛は動物の本性の一部として内在しているということだ。動物を愛さないことは可能だが、動物を愛しながら同時に動物の根源的性質を否定することはできない。

したがって自ら進んで言い続けていることと違って、ベジタリアンとは自然により近い者ではなく、逆に自然をもっとも耐え難いと思う者、自然から最大限遠ざかろうとする者である。彼らがこの結論を否定するのは明らかだが、それは彼らが自分の立場も宣言したことの論理的帰結も全的に引き受けることはしないからである。

厳密に言えば、徹底したベジタリアン（流行に乗った「表層的な」ベジタリアンに対して「深遠な」ベジタリアン）[42]は動物でも植物でもない遺伝子組み換え食品しか摂取しない覚悟で闘争しなければならないはずだ。あるいはより正確に、真に一貫したベジタリアンは、ヒトを動物の影響下から抜け出させ、（バイオテクノロジーやナノテクノロジーの恩恵により）どんな生物も捕食せず、光合成のみで栄養摂取できる新奇な有機体に変化させるために闘うはずだ。厳格にコミットしようとするベジタリアンなら、ヒトを生物学的に変化させ、「来たるべき時代のポスト人類」になることを願うはずだ。それは、今あるヒトのたんなる改善を望むような現行の理論家たちの馬鹿げたポスト人類計画とは別の様相を呈した計画となる。

真に徹底したベジタリアンはまた、すべての肉食動物がバイオテクノロジーによってベジタリアンになり、すべての肉食動物の「未来の元被捕食者」が今後は捕食者の存在しない生態系のもとで繁殖するような変化を望むはずだ。そして、技術による肉食動物の根絶が可能になったとき、人間はその根絶を倫理的帰結としておこなわねばならないだろう。

ベジタリアンの動物憎悪は倒錯したかたちをとる。この憎しみを自分が動物に抱く愛によって正当化しているからである。ベジタリアンとは、虐待する母親と同じ意味での虐待する動物である。その誤った愛は、愛していると主張するものの死あるいは去勢を望み、無害で頼りないぬいぐるみへと取り換えたいのだ。

生を受け容れる

生のあり方や生き物のふるまいを上から目線で倫理的に評価するベジタリアンの態度は、人道主義者同様、総じて鼻持ちならないほど傲慢である。

このようなベジタリアンとは、自分が属する種の食習慣を倫理的でないと見做す雑食動物だと言える。こうした性向の「悪魔化」が過去になかったわけではない。セクシュアリティを認めない（それは正常なふるまいであるにも拘わらず）、あるいは女性を男性に従属させる（生物心理学の観点から言って、女性は完全に自立しており、男性への依存を何ら必要としないにも関わらず）ことを目的とする闘争もかつて見られた。肉を食べたくないと思うのは自由だし難なく受け容れられるが、それを多数派が採るべき倫理的選択とするのは無理がある。肉食は今日好むと好まざるとに関わらず、ヒトでいることとの一部である。それにわれわれはエラスティンや動物由来の繊維質を消化する酵素を持っており、動物からしか生産できない分子であるビタミンBを必要としているのだ。

ダナ・ハラウェイもまた、生物の特徴そのものを否定するベジタリアンの考えは根本において破滅的なイデオロギーだと主張する。[43] また、他の生物を餌食とせずに生きる生物は存在しないし、過去にもいなかったとも述べている。この意味では、ベジタリアンは生物を断固守ると言いながら生物に敵対しているのである。

アメリカの詩人ゲイリー・スナイダー[44]がユーモアたっぷりに言ったように、「呼吸する者は皆腹が減る」。食うこと、別の言い方では他の生き物を食うことは動物の生の一部を成しており、生を変えたいなどと思うことは耐え難い虚栄の表れである。だがゲイリー・スナイダーが依拠する仏教は、あらゆる苦痛を根絶するのは不可能だと認めており、それを実行しようなどとはゆめゆめ要求しない。仏教はわれわれが成しうるかぎり、そして成すことが理に適い、とりわけ不要なあらゆる苦痛を取り除くかぎりにおいて、苦痛軽減の願いに同意するのだ。

女性解放論者のシャロン・ウェルチの言葉を借りれば、一方的なやり方ではわれわれは変わることはできない。他者に構わず目的を達成しようとする支配の倫理は、リスクの倫理——自身や世界を変えようとしても、われわれの能力には限界があることを受け容れる——にその場所を譲るべきだが、同様にわれわれの行動の責任を全的に引き受けることも必要となる。

ベジタリアンは徹底して認めないが、肉食には根源的な意味があり、われわれは肉食を通じ謙虚さを学ぶことができる。すなわち、各々の生き物が別の生き物と関わりながら生きる相互依存の認識である。一方、自分は植物の成分を吸収することで存在しているのだとベジタリアンは言うだろうが、おかしなことに今日ベジタリアンの誰一人、植物になることなど求めていない。ベジタリアンは植物のあらゆる活力ある側面を否定して道具化し、肉食者を非難する態度を自分自身が採っている。ベジタリアンが何かを選ぶとき、それはつねに否定的選択となる。つまり彼らは野菜を選ぶのでなく、肉を拒否するのだ。

肉食者の倫理はややもすれば地味で現実主義的ながら、見かけより大胆でもある態度を通して表れる。これについて今から詳しく述べなければなるまい。

chapter 4

二皿目のメインディッシュ

肉食者の倫理

ベジタリアンのレトリックが持つ臆病さや自家撞着、矛盾などを暴き、自らが正しいと主張するからには、肉食者の態度の側にも積極的なヴィジョンがなければならないだろう。一方ベジタリアンを擁護するには、俗に肉食を正当化している理屈そのものがむしろ脆弱であることを認めるだけで済む。じっさいその正当化はある種柔《やわ》な功利主義によって説明されるのだが、ベジタリアンの真の問いかけに真面目に答えているとは言い難い。食養生的側面（たとえば蛋白質の必要性など）は今日科学的な議論としては限界に達したが――おそらく、われわれが必要とする動物性蛋白質にうまく代替される人工的な蛋白質は作りうるし、あるいは植物性蛋白質で済ませることも可能だ――それは置くとしても、肉食者は一般に自らの行動をうまく正当化できていない。彼らがするのはほとんどの場合恥知らずな主張であり、その防御の姿勢は対決相手のベジタリアンがくり広げる攻撃の前では説得力も効果もない。

だが肉食の擁護を、純粋に倫理的な土台に立っておこなうことは可能である。生物の根本となる法則は全人類に等しく適用されるが、ベジタリアンが猛然と拒絶するものこそ、地上で生の調和を保つのにおそらくもっとも重要な原則のひとつなのだ。すなわち生物間の相互関係と交換の普遍的原則である。それはとりわけ他の動物に対する人間の永遠の負債と、その負債の恒久的な追悼という倫理的義務へと帰結する。[45] したがって人間は倫理的なベジタリアンになるのでなく、むしろ倫理的な肉食者になるべきなのだ。倫理的ベジタリアンとちんぴら肉食者の二項対立など単純過ぎるではないか。

捕食者としての肉食者の姿

哺乳類は五千四百万年の進化により形成されてきたが、そのなかで四五グラムのピグミー・ベレットから七〇〇キロのヒグマまで二百三十七種類の肉食動物が同じ祖先から発生している。肉食動物のグループは八つの科を含む。イヌ科、イタチ科、クマ科、アライグマ科、ジャコウネコ科、ジャコウネコ科のマングース亜科、ハイエナ科、そしてネコ科。食生活の六割以上を捕獲した生物で賄う肉食動物は、じっさい三六パーセントに過ぎない。だが大型の捕食動物（体重が二〇キロを超える）の半数以上が肉のみから栄養摂取している事実も指摘しておこう。

群れで暮らす肉食動物と霊長類の社会が互いに多くの類似点を示しているとしても、他の猿たちと同様人類は厳密には肉食動物には含まれず、チンパンジーと同じく雑食である。つまりホモサピエンスは、むしろ肉食でもあるものとして性格づけられなければならない。彼は肉を食うことができるが、そうしなければならないわけではない。ここで私が気になるのは雑食者におけるこの肉食者の側面であり、とりわけこの側面がヒトをヒトたらしめているあり方である。

この問いに最大の関心を払ったのが哲学者のポール・シェパードだろう。シェパードは、肉食動物と草食動物は雑食動物とは異なりスペシャリストだと説明する。私が食うものは、私と食われた動物との関係のみならず、私と世界との関係を根本から条件づける。したがって肉食者の問題は食料の問題には還元されえず、同情による倫理的問いではなおさらない。雑食者であること、よって部分的に肉食者であることは、存在の根源をなす特徴であり、その特徴を手荒く排除しようとする前に、その詳細や実際を理解することが重要である。部分的にであれ肉食であるということは、われわれをヒトとしてのわれわれの最奥のところで拘束している。問題は肉食せずともヒトでありうるかだけでなく、肉食せずにヒトになりえたか、そして今日そうした生物としての遺産が含意するものについて知ることである。

死んだ動物から料理を作る

「肉を食うこととヒトを食うこと」と題された最近の記事のなかでアメリカの哲学者コーラ・ダイアモンド[46]は、食用に殺される動物の権利をめぐる考察はピント外れであるとやや激しい口ぶりで断言している。もし食用に殺すことが問題なら、そうした殺害により終わりを迎えなかった動物、たとえば車にぶつかって死んだ動物をベジタリアンが食べられないという理由はないし、たまたま雷に打たれた牝牛を食うのを禁じられることもないだろう。この主張を敷衍して言えば、食うことを目的とした動物の殺傷を望まないベジタリアン実践者は、自然死した動物を即座に食肉に加工する自動装置を発明してもいいかもしれない。

カニバリズム的思考

ダイアモンドの主張は、ベジタリアンの議論と食人《カニバリズム》批判の議論を比較しながら核心に入ってゆく。ごく単純に考えてもヒトは旨いわけでもなく、食用のための殺人がもたらす苦しみを考えたところで、問題はそこにないのだから無意味だろう。ダイアモンドはヒトと動物の間に根本的な差異が存在することを認めないのであれば、われわれはそこで真に問題となっているものを理解することはできないと言う。そうだとすれば、動物側の苦しみにしか言及しないベジタリアンの正当化の仕方は根拠が弱いことになる。ダイアモンドによれば、われわれが動物を食わないのはそれがヒトの性格のひとつだからではなく、他のヒトに食われないことはヒトであることの一部だからだ。

ダイアモンドの主張は、それが二重に逆転可能であるだけにいっそう興味深い。われわれが動物について、もうこれを食べてはならないと考えを改めればいいと反駁するベジタリアンも実際いるだろう。一方、過激な（だがとりわけ論理的な）肉食者は以下のように考えるかもしれない。すなわち、ダイアモンドの指摘はむしろ、われわれが食人できるよう促しているはずで、そのためにはヒトとはどういうものかに関するわれわれの考えを大幅にでなく、ほんの少し変えればいいだけだと。

この考えは、われわれ西洋の文化にカニバリズムがどれだけ存在感を持ってきたかを認識していない多くの人々には一見衝撃的である。マヤ文明を除けば、われわれの文化はまさに疑いなくこれまで存在した最大のカニバリズム文化のひとつなのだ。カニバルは通常、同類を食う者と定義される[47]。だが今は論理的な厳密さが問題なのではなく、どんな視点を取るかにより定義を再考してもよい。この場合、カニバルを自分と同類の肉を代謝的に消化＝同化する者と性格づけることができるだろう。このような性格づけは、臓器移植もまたカニバリズムの実践であるとの考えにわれわれを導く。これは「栄養摂取をおこなわないカニバリズム」（食うことなく他者を代謝する）であり、さらには「腐肉食」（殺しはせず、死んでいる他の動物を可能なら消化＝同化するにとどめる）である。言い換えれば、われわれは調理を伴わないかたちのカニバリズム（人類学で記述されるカニバリズムの行動とは逆に）、生《なま》のカニバリズム、焼かれていないカニバリズムを実践する文化のなかに生きているのだ。

代謝的同化のエコロジー

先に言及した異種移植は代謝的な同化――つまりは「食う」ことを意味する――の問題に新奇かつ非常に面白い観点をもたらす。じっさい、豚の腎臓を受けつけたヒトはいまだ真にヒトなのだろうか。厳密に生物学的な観点からすると、彼は半分ヒトで半分豚のハイブリッド種であり、その境界は越えられていないが、行き来可能な状態にある。なお興味深いことには、この移植されたヒトは、豚を部分的に同化しつつ構成されている（むしろここでは再構成されている）。ここでわれわれに欠けているのは器官のエコロジー、すなわちそれぞれの器官が体内でどのようになりゆくのか、ある器官がそれぞれ固有の機能を与えられた別の器官とどのようなつながりを維持しているのか、そしてわれわれのものとして受け容れられるような（象徴的であろうとなかろうと）どのような表現となるのか知ることができる規範である。同様に、われわれは他者を代謝的に消化＝同化することのエコロジーも必要としている。この点に関し、ベジタリアンの反論は次元をまったく異にする。彼らは、動物を代謝すること、彼のなかに動物が入ってくることを拒絶するのだ。つまりベジタリアンとは、動物に身を曝すことを望まない者である――そして次には、それが正確に何を意味するのか知ることが問題となるだろう。

正しく食う

カナダのアルゴンキン族の事例はこの問いに対し、とりわけ豊かな手がかりを与えてくれる。マリ＝ピエール・ブスケ[48]の記述によれば、彼らにとっての問題は動物を殺すことでなく、動物をどうやって殺すか、なぜ殺すか、さらにその死骸をどうするかだと言う。食うための動物殺害は許されるが、それでも死に至るまでの苦痛が極力少ないことが条件だ。さらにアルゴンキン族においては、動物との相互関係と貸し借りのプロセスに参加せねばならず、またその身体から最大限の食物を得られなければならない。この最後の点は根本に関わる。すなわち食われた動物は、彼のうちの食用可能なすべてが確かに食われ、使用可能なすべてが使用されて初めて、正確な意味での食われた動物なのだ。だから重要なのは動物を殺すことではなく、不要な苦しみを与えずに殺すことであり、殺された動物をまったく無駄にしないということである。結果、戯れに動物を殺したり、殺処分することはアルゴンキン族の目には許しがたいものと映るのだ。

　アルゴンキン族の狩りと肉食の態度には、何より肉食者としてのヴィジョンを見てとることができる。彼らの社会において個々の活動は、贈与と返礼のシステム、すなわちやや手の込んだ依存のシステムのなかでおこなわれる。食うために動物を殺すという事実により、狩猟者は種の他の成員と契約を結ぶことになる。動物が殺されたり食われたりするのは、拘束力の強い義務が遵守される場合のみである。アルゴンキン族は動物を道具化しないし、生きることの根源的な性格が残酷さというかたちをとり、この残酷さは根絶するどころか根絶を望むことすらできないということを認めてもいる。つまり彼らの態度は、植物を道具化し、生き物の空間において残酷さに微塵も場を与えない（残酷さを引き受けない）「ウォルト・ディズニー」的ヴィジョンを持つベジタリアンの態度とは正反対なのである。

アルゴンキン族は肉が豊富で食用の野菜に乏しいエコシステム（カナダの大森林）に生きており、彼らが肉を食うことは基本的に生存にかかわる栄養目的の選択だと確信を持って反論するベジタリアンもいるだろう。この指摘は部分的にはもっともだが、ここでの問題に関しては的確とは言い難い。栄養目的でアルゴンキン族がジビエを必要とするからと言って、蛋白質供給という問題——肉と言えば蛋白質含有物質としか見ない肉食者と、捕食と言えば攻撃面しか考えないベジタリアンの双方が確信している問題——が議論の核心にあるとは限らない。ベジタリアンの考えのなかでアルゴンキン族など大した意味を持たないかもしれないが、アルゴンキン族としては、肉に対する倫理的にポジティブな態度を進化させてきたのである。確かに与えられた状況下で特定の選択を強いられているからといって、その選択が当人にとってよくないとは限らない[49]。

依存の倫理

アルゴンキン族の例から、肉食者の倫理はまずは相互性の倫理というかたちを採り、この相互性はさらに拡張しうるということがわかるだろう。こうして世界においてエネルギーは循環し、このよき循環が世界に調和と正義をもたらすとも考えられるのだ。各々の動物は他の生存の条件であり、捕食の普遍化はこの調和のひとつの原則となる。

この相互性の倫理は、これが義務をともなう依存の倫理であるゆえに強い拘束力を持つ。この点は重要だ。というのは、これはまさにベジタリアンを揺るがす捕食の概念なのである。ベジタリアンにとって捕食とは、何よりまずある生物から別の生物への攻撃であり、最大限減らし、さらには排除すべきものだ。だがこのような否定的ヴィジョンだけを捕食に強いる謂れなどない。われわれは、依存という根源的形態が動物とヒトの関係の基礎となるような、より積極的なヴィジョンを構想できるのである。捕食者の役割を引き受けること、言い換えれば、私の生存を他の生存に依存させ、他の動物は私自身の生存に依存しうるという認識を回復すること。すべての動物は捕食者である。草から栄養を摂る牛のような草食動物であってもだ。アフリカに生育するある種のアカシア系の植物は、襲いかかるレイヨウに対し毒を持つよう葉の化学物質を変化させる。これはまさに、草食動物の行動が植物には攻撃と感知されることを意味する。鬼の首を取ったように言い立てることでもないが、私の話が馬鹿げた空想事だと思うとしたら賢明だとは言えない。

動物を食うことは、依存契約を結ぶこと

倫理の根本をなすテーマは、したがって相互依存である。動物を食うすべての者は、その動物に対し依存契約を結んでいる。アルゴンキン族の肉食を生物学上

の必要性に限定するのは、視野狭窄だし単純化し過ぎである。ポール・シェパードが言うように、動物はまずヒトに物質として呑み込まれ、続いて思考として呑み込まれてから、最終的に彼の精神構造と一体化する。捕食の問題はしたがってその全体性において考慮され、可能な限り拡張されるべきである。ヒトと動物の依存関係は、それほど特別なものではない。すべての動物が相互に依存し合わずにはいないのだ。そこに生の本質をなす原則がある。この認識は二重の利点を持っている。この認識は他の生き物に負っているすべてを思い起こさせ、採取していい限界、特に量的限界を設定する。必要以上に捕獲することは論外だ。すなわちどのような捕食もシステムを危険に陥れてはならない。食うとはしたがって依存契約を結ぶことのみならず、自らもそのシステムの内にあると認めることだ。動物を食うことは、動物性の地平においてヒトが例外的身分を享受しているとの確信を拒絶することだ。肉食の次元を引き受けるとは、言い換えれば、自分もそこに属していながら動物的なるものより上位にいると主張するベジタリアンとはまったく逆に、謙虚な態度をとることと言える。第一章で見てきたように、ベジタリアンとは他の動物から汚染されることを拒否する者と特徴づけることができるが、こうしてわれわれは、たがいに傷つけ合うことのない平和的な共存というベジタリアンの理想からはいっそう遠ざかることになるのである。

ふたつの点を強調する必要があるだろう。ひとつ目はここで言う依存とは、受動的な態度とはほど遠いどころか、むしろきわめて活動的な態度だということである。ふたつ目は依存の積極的な側面を、つねに自律性を主張し、そのような態度が真の挑戦であるような文化において考える必要性である。私たちは依存がまったくネガティブなものだと性急に考え過ぎる。だがガブリエル・マルセル[50]は他の哲学者とは異なり、自律という考えを批判している。マルセルによれば、濃密な生とは対立に身を晒し、受け容れなければならないものだ。危険に立ち入り苦しむことの拒絶、危険に引き入れ苦しめることの拒絶は、端的に言って生きることとは矛盾するのである。

受け容れるにふさわしくなること

マルセル・モースの思想になじみ深い贈与と返礼という見地から相互作用を考えるとき、狩猟／採集の哲学においてつねにひどく軽い扱いを受けながらもじつは重要な点がある。それは受容の能力だ。じっさい受容の能力は、少なくとも贈与の能力と同程度に本質的な能力である。賭けられているのは、生きるプロセスそのものにおける自身と他者の存在論的贈与だ。こうした視野を獲得するには、おそらくキリスト教神学における恩寵の思想に遡る必要があるだろう。この見地において、真の贈与に見返りはありえないとするジャック・デリダ[51]のモース読解は非常に明快である。動物の自己贈与により、食われる動物に対してではなく（もう生きてはいないのだから！）、食われていない動物と守護精霊に対する狩猟者の依存が生じる。なぜならこの関係は、動物と狩猟者間にのみ設けられるものではなく、狩られる動物とそれを保護する精霊の間にも設けられるものだからだ。

したがって倫理的要請は、何も与えることなく何も得ないだけでなく、むしろあらかじめ受け取ることなく何も得ないが、この贈与を引き受けるということなのである。受け取ることを拒否する利己的な捕食者であってはならない。インディアンは獲物を殺すとき、種じたいが繁殖しその成員がよい条件で生存できるよう、獲物の《精霊》にこの《贈り物》を感謝する。それがどんな性質のものであれ、精霊の問題は重要である。肝心なのは、動物を食うという事実が作り出す依存は狩猟者が把握できないレベルに位置するということだ。動物との関係はどうにかできるが、《精霊》との関係はずっと難しい。動物への狩猟者の義務として了解済みの利害しか見ないと言うなら、その見方は歪んでおり目標を誤っている。われわれは、多寡はあれ狡猾な対話者との裏取引ではなく、究極的にまた逆説的に私の自律を担保する根源的疎外のなかにいるのである。

　この点は本質的だ。というのはこのように、依存は簡単には葬り去れない持続性を持つからである。肉を食うことはそれゆえとりわけ強い常習性を持つ。だがこれは積極的で構築的な常習性であって、否定的、破壊的なそれではない。

　常習性というと最近はドラッグ使用と結びついて語られるため、否定的でよくないものに見えるかもしれない。だがアヴィタル・ロネル[52]が説明しているように、ドラッグとは何なのか納得のいく定義はされておらず、あらゆる物質が直ちにドラッグの代用となる可能性がある。だから肉がその役を果たすことだってじゅうぶんあり得ることなのだ。

存在論的倫理

だがかならずしも精霊を信じているわけではない私が、この依存状況を正当なものと考えるのはなぜだろうか？　ベジタリアンが仕掛けてくるはずのこうした疑問は、精霊の本質でなく機能をテーマとするのであれば実りある議論となるだろう。それにそれがどんなものであれ、《精霊》との取引は、われわれは自己を超える存在と交渉して初めて十全にヒトになれるという認識に立ち返らせてくれる。懐疑的なベジタリアンは、なぜそのために動物を食わねばならないのかと尋ねてくるだろう。答えはシンプルだ。私がこうした依存状況に身を置けるのは、死のプロセスや栄養摂取のプロセスのような根源的プロセスを通してのみなのだ。

私が生存でき、他者の生を許可するのは——ここで言う《許可する》は法的でなく実践的な意味においてであるが——私の存在と他者の存在が関わる取引においてのみなのだ。

ここで私はいかなる場合も、同情の倫理（他者が苦しんでいるから気遣い、彼が苦しんでいることを知って苦しむ）や平等の倫理（他者を気遣うのは、彼が私と同じく知性を持つからだ）を採用しない。私が採るのは生の共有の倫理（私が他者を気遣うのは彼が私の生の条件であり、私が彼の生の条件であるからだ）という立ち位置なのだ。この文脈において、苦しみという問いはまったく二次的なものだ。動物を苦しませるのが正当なことだからではなく、重要なのはその先にあることだからである。

ふたつの大きな誤り——所有欲と傲慢

捕食の倫理というこの観点においては、どうあっても避けねばならない重大な誤りがふたつある。ひとつ目はこのシステムから逃れようとすることであり、ふたつ目はこれを乱用することである。システムから逃れるということは、所有欲からであれ（許される以上のものを取る）、傲慢からであれ（自分を生き物の上位に立つ存在と見做し、すべての生き物が例外なく連関しているシステムに属さないと考える）その形態を尊重しないということだ。生の営みの外に身を置こうとするベジタリアンは、つまるところ傲慢の罪を犯している。一方で、根源的依存とはほど遠く、肉を過剰に摂取している現代西洋社会の超肉食者は所有欲の罪を犯しているのだ。

空腹の言語

ここで私が提言する肉食者擁護は、根源において倫理的である。肉食の拒絶を主張するときベジタリアンは、動物との身体的同化を前提とする代謝のプロセスよりも《食われたもの》（動物）を前景化するが、もし肉を食わなくなるとしたら、動物としてのヒトの身体の方はどうなるのか？　野菜や果物を食う動物にはこの問題は存在しないと反論されるだろう。それはその通りだが、気取った小猿よろしく西洋人が病的にそう盲信するのと同様、ベジタリアンはもはや自分がかつて動物性を持ったことすら認めないのだ。この観点について進化論はしばしば、彼らは動物ではなく動物であったのだという微妙な違いを示している。われわれが肉を食わねばならないのは、それがわれわれ自身が他の動物の肉からできた動物であり、他の動物の餌になりうると絶えず思い出させてくれるからだ。動物を食うとは、別の言い方をすればわれわれの根源的な動物性、そしてわれわれと他の動物との本質的な近接性を積極的に確認する方法である。代謝的な接触はわれわれと動物との連続性を容赦なく築き上げる。それは第一にわれわれの身体が彼らの身体だと確認するから、そしてわれわれが動物であるという意味を部分的に担い、とりわけ動物性を特徴づける生と死の営みへの参入を受け容れるからなのだ。

ベジタリアンは植物に歩み寄ろうとはしないが、動物とも距離を置く

この段階では、状況は植物にとってもまったく同じだとの反論がベジタリアン

から来るかもしれない。植物を食べながら、われわれは野菜、穀類、果実との根源的な近さを確認する。このことは真実だろう。だがベジタリアンが欲しているのはそれではない。逆に彼らは植物に接近するのでなく、動物から遠ざかる必要性を前面に出しつつ、つねにみずからの食事法を正当化するのだ。これは自然な行為ではない。動物から真に遠ざかることなどできるだろうか？　エルンスト・ブロッホがヒトは動物的衝動を保持しているだけでなく、新たに生み出すと考えるのは正しい。ヒトの動物的次元は遠い過去の遺産ではなく、つねに現在化する、ヒトに内在した一面なのである。「われわれは永続的に、自身の動物としての過去を再活性化させる」。われわれがそこから完全に抜け出せるとの確信はまったく幻想にすぎない。ヒトの動物的次元は薄暗い過去の遺物に分類できるものではなく、ヒトの本質的な構成要素なのだ。ヒトが動物性を脱する日が来ると信じるなど馬鹿げている。動物であることはヒトの本性そのものだがそれだけでなく、「この動物性それじたいが時を経るなかで変化可能なのである」。

言語は捕食関係の代替物にならない

ふたつ目に来る反論はもう少し複雑で、言語によって動物を食うことなく動物との近接性について考えることが可能だというものだ。つまり言語は捕食関係の代替物を演じ、言語がわれわれは動物だと理解させてくれるのだという。この反論は知に偏り過ぎているため、真剣に考えるべきものとはならない。この反論がそもそも前提としているのは、言語は身体が現実化するものの説得力ある代替物になりうるということである。これはややもすれば、性交する必要はなく、それについて話すだけで十分だと言うようなものだ。あるいは食べるものがなくても、食べ物について話せば満足できると。それはやや短絡的だ。とりわけ動物との根源的な代謝的つながりの意味をまったく尊重していない。

動物との一体化を生きること、それを夢見るだけでなく

つまり私の議論の中心となるのは、動物性とのわれわれの関係が観念だけであってはならないということだ。すなわちこの関係を分析的なやり方でシミュレーションするだけでなく、行動する生物学的身体において代謝として真に生きることが重要なのだ。それはまさに、狩猟とはその経験を通した、一個の生である他の動物と接触する作法の習得だと考える北米のアニシナアベ・インディアンの哲学が表現することでもある。狩りをするとはたんにジビエを追い求めることではなく、狩られる動物を理解し、われわれが他の動物ときわめて近いという意識を新たにした上でこの意味を拡大するという挑戦に関わっている。[53] さらに言語は二面性を持つ能力である。ギリシア人がごく古くから理解していたように、言語は最高と最低双方を可能にする。言語とはヒトが鼻にかける能力である以前に、ペストのごとくいかがわしいハンディキャップだ。とりわけ動物性とはすでに手を切ったなどと幻想を抱くような、中途半端な理性を育んでしまう場合にはそうである

動物を食う代わりに可愛がることは可能である
（だが可愛がり、同時に食うこともできる）

ベジタリアンによる三つ目の反論として、動物との親密なつながりを築くのに、食う代わりに可愛がることができるという考えがある。短くこうまとめると馬鹿らしくも聞こえるが、これがじつに根深いのだ。なるほど動物を食わずに、動物と満足いく関係を築くことは可能かもしれない。だが結局のところ、たとえば伴侶となる動物と暮らすという状況は簡単には一般化できず、真の限界に出会うのである。さらに、ここで議論される問いは《仲良しのペットと平和に暮らすには》ということではない。私が創ろうとしているのはアイデンティティの哲学であって、よき隣人の哲学ではない。私の関心は、親しい動物といかに生活を分かち合うかということではなく、ヒトにとって他の動物と分かち合うべきことの意味は何かを知ることにある。早足の読解では、両者の違いを認めることはできないだろう。根源的な対立を実感するには、より深い読解が必要だ。動物に優しくすることよりも、自分の根源的動物性を明示し、これを全的に引き受けるということが問題なのだ。つまり動物を可愛がり、同時にこれを食うことは可能である。

肉を食う新たな方法を発明する

ベジタリアンの役割は最終的には非常にポジティブなものである。私が彼らに対してくり広げる批判すべてを読んできた読者はこの豹変に仰天し、一貫性の欠如を責めるかもしれない。だがそれは誤解である。わずかな肉の摂取も拒むというベジタリアンは迷走している。しかし彼らは、肉食者がうっかり聞き漏らしているかもしれない根源的なメッセージを発しているのだ。なるほど肉を食うことは決して無害なものではない。この話題に補助線を提供してくれるアルゴンキン族も同じことを言っている。とは言えベジタリアンはすべての肉食をやめるべきだと主張しながら、肉の消化を食の実践に——じっさいそうではないのに——単純化するという誤りを犯している。さらに多くのベジタリアンは、動物を殺さず苦しめないことの必要性に言及しつつ、自分たちの肉食の拒否を正当化している。

私が示してきたのは、状況は彼らが考えるよりずっと複雑だということだ。

ベジタリアンのなかには、真剣に考えるべきは別にあるという者もいる。私は彼らを《政治的》ベジタリアンと呼び、これまで自分の全注意を引きつけてきた《倫理的》ベジタリアンと差別化しようと思う[54]。政治的ベジタリアンは、巨大な人口を持つ集団が恒常的な肉食をおこなうのは破滅的に他ならず、端的に言って常軌を逸していると説明する。こうした主張を見過ごすわけにはいかない。工業的畜産は恥ずべきものだという政治的ベジタリアンの見解には、肉食者としてももちろん同意する。そして現代人は工業的畜産抜きでは肉を食えず、工業化された畜産を中止する唯一の方法は肉食を止めることだとする彼らの考えなら、少なくとも考慮には価する。豊かな国において肉食は習慣に堕しており、そこにはもはや動物への追悼や動物との一体化という側面はない。政治的ベジタリアンの主張はしたがって倫理的ベジタリアンの議論とは関係なく、その報告は肉食者も認めなくてはならない忌まわしい真実に基づいている。しかしながらここで重要なのは、菜食主義的立場の境界を意識することである。肉食を何も全廃せずとも徹底した削減を目指して闘うことはできるし、同様にヒトの出生を減らすこともできる。それにベジタリアンは、総じて食糧供給問題が持つ政治面に関しては無頓着なのだ。ノーベル経済学賞を受賞したアマルティア・センは、飢餓とは多くの場合政治問題であり、結局ある国における食料資源の潜在的供給量とはほとんど関係ないことを示している。

そしてこれから述べる最後の点はつねに有耶無耶にされるのだが、議論する価値は十分にある。何百万もの肉食の伴侶（犬や猫）の飼育は、相当な悪影響をもたらさずにいないということだ。にもかかわらず、多くのベジタリアンはこうした伴侶とともに生きている。彼らに対し、ベジタリアンはどこまで責任を持つのだろうか？　確かに自分の犬をベジタリアンにすることも無理ではないが、百歩譲ってそれは動物虐待だろう。本来、徹底したベジタリアンなら、肉食の伴侶を拒否するだけでなく、さらにたとえば徹底した不妊処置を求めるなどして、彼らが絶滅するよう激しく闘うべきだろう。無論そんなことをしても無駄だ。だが肉食動物の伴侶を持つ持たないを選べばいいだけではなく、魚や穀食の鳥、それに肉食の伴侶と同じくらい豊かで複雑な性格を持つ鳥のような雑食の鳥を伴侶とし、肉食の伴侶の数を実質的に減らすことも、現実的な選択肢となることは確かだ。

しかしそれを認めることは、ヒトだけでなくわれわれと生活を分かち合う肉食動物をも対象とした肉の摂取をめぐる交渉を受け容れることになる。

肉食が環境に及ぼす危険は絵空事ではなく、真面目に考える必要がある。しかしだからと言って、それは肉食という行為のアポリアなのだろうか？　そう信じるのはいささか性急すぎるだろう。出所不明な肉の無反省な摂取と完全なる菜食の間に、じつは現在の西欧諸国ではベジタリアンも肉食主義者もまだ真剣に模索していない道が存在する。それは肉食の抑制と儀礼化だ。別の言い方をすれば、毎回の肉食を儀式さらには追悼と見做し、適切に扱われた動物由来の肉のみを受け容れ、肉の摂取をこうした機会に限定することである。

以下に引用するのは、クロード・レヴィ＝ストロース[55]が一九九六年十一月二十四日の『レプブリカ』紙に書いた記事だが、私はこれを全面的に支持する。

農学者は食用植物のタンパク質含有量を増大させ、化学者は合成タンパク質を大量生産するだろう〔…〕〔だが〕だからと言って、肉食への欲求が消えるわけではない。それを満たせる機会はひたすら稀で貴重で危険に満ちたものとなる。（こうした例として日本ではきわめて美味とされる魚——河豚があるが、その毒が完全に除去されない場合は死に至ることもあるという）。肉は例外的な場合にのみ献立に顔を出す。人々はそれを——古の旅行家たちによれば——人肉食をする民に見られるような敬虔な畏れの気持ちと不安とを織り交ぜながら食すのである。いずれの場合も重要なのは、祖先と通じ合うこと、そして同時に、敵あるいは敵だった生物の持つ危険な物質のリスクや脅威を体内に取り込むことである。

したがって他者を食う、そして相関的に——あられもない言い方だが——他者に食われる新たな方法を考えなければならない。というのは、真のスキャンダルとは動物を食うことではなく、過剰に食うことと、動物に食われるのをよしとしないことだからだ。であれば身体を食うものとして動物に委ねるようにすべきだろう。この提案に衝撃を受ける者もあるだろうが、自らの身体を科学に委ねられるなら、動物にだって委ねられるのではないか？　それに動物に身を委ねることに対し、すべての人々が同じ意識を持っているわけではない。たとえばスー族［北米の先住民。ラコタ］は遺体を獣たちの前にさらしておく。西洋では動物に身を委ねるというこのかなりハードな言説が、目眩しの技術により緩和されている。なるほど伝統的な木製の棺桶の主たる利点のひとつは、置かれた地中でそれらが腐り、そのため蛆やバクテリアが中の死骸にありつけることなのである。それに対して火葬は（たとえ灰を再活用しうるとしても）遺骸の窃盗と、低温化《クリオジェニザシオン》はきわめて深刻な反倫理的態度と見做すことができる。なぜならそれを求めるのは、結果としてその身体を生き物の大いなる交換のなかに返すことを拒否していることになるからだ。

肉食者とベジタリアンの議論は、いまだ倫理と食養生というごく古典的なアプローチの議論だけに留まっている。肉食者とベジタリアンの対立を解決する新たな方法を開拓することはできないのだろうか？ 私の考えを理解してもらうのに役立つ手がかりがひとつある。肉食という事実と野菜しか摂取しない者の間にはある大きな違いがあり、それはこれまでのところ完全に無視されているが、この違いが興味深い視野を開いてくれるのだ。つまり食料としての肉には残骸――とりわけ骨――があるが、一方で野菜は、すべてがただちに消失する運命にある。そう考えてみたとき、ベジタリアンはその食事の痕跡を残したくない者と特徴づけることができるだろう。これまでのところ芸術はこの真に創造的な手法による問いにほとんど関心を持ってこなかったが、残骸というテーマは開拓するに実り多いものとなるはずだ。だがそれはおそらく、哲学的アジェンダというより芸術的プログラムに関わることなのだろう。

chapter 5

デザートに代えて

この本は肉食者よりベジタリアンにショックを与えるものとなるだろう。しかし逆説的にもこれは、ベジタリアンのために書かれているのだ。だがベジタリアンには、閉じた回路に思考を限定し、自らの行動も根本となる態度も批評的に論じようとしないという大きな問題がある。そこに見られるのは、理論と闘争を同時におこなおうとする言説全般の曖昧さである。ある喩えを使うとわかりやすいだろう。キリスト教は――それをどう考えるかは別として――聖人伝の書き手よりも批評的な思想家たちの貢献によって大いに進化し、確実に強化されてきたのは明らかではないだろうか。

ベジタリアンの大半は、倫理とは無関係な個人的理由によりベジタリアンである。肉が嫌いだったり、野菜や果実や穀類だけを食べる方が健康にいいと考えたりで、彼らは肉を食べない。彼らの声がほとんど聞こえてこないのは、彼らが何も要求しないからだ。つまりわれわれの文化において、菜食限定の食生活は誰からも禁じられていない。ごく少数の倫理的ベジタリアンだけが、彼らが擁する主張が問題含みなのにも関わらず（あるいはむしろ問題含みであるから）まったく違った立場を採っているのだ。この試論の狙いのひとつは、根本的な前提（とりわけ無垢の態度というものが存在し、生の倫理が動物と植物の根本的対立を中心に組織されうるという信念）を見極め、そこから論理的な結論を引き出すことに努めつつ、この言説を真剣に受け取ることだった。

厳格な菜食主義的態度は、ヒトを植物に変化させる、あるいは地上からあらゆる形態の動物性を根絶する必要性があるなど、じっさい大多数のベジタリアンが受け容れられないような状況を作り出す。一部の倫理的ベジタリアン（全員ではないし、たぶん大多数でもない）は疑うことなく自らの信念を最重要とし、この信念が世界の隅々まで広がるべきだと考える強固な原理主義者と見做せるだろう。これらのベジタリアンは自分が肉食を放棄するだけでは満足せず、世界中の人々に自分と同じ行動を求め、時には強引な手法をとることも躊躇しない。私には、攻撃的になりがちなこの闘争主義が、西洋の倫理的菜食主義の特徴であるように思えるのだ。

それに倫理的ベジタリアンの態度は無害とはとても言えない。フリードリヒ・ニーチェは、倫理的要求に対する率直な懐疑主義を宣言した最初の思想家のひとりであり、その大きな発見のひとつは、「あらゆる倫理には代償がある」ことを理解し、説明したことである。倫理的ベジタリアンの態度がその例外とされていいかなる理由もない。

この態度は動物そのものへの異議申し立てとなる。逆説的にもベジタリアンは、人間と動物間のヒューマニズム的対立がかつてなくくすんで見える時代にこれを復活させようとする者なのだ。倫理的ベジタリアンは動物を愛する者だとの反論があるだろう。それはおおむね本当だが、人間と動物の厳しい分離を望む差別主義の咎を晴らすほど説得力ある主張ではない。いずれにせよ、多くの原理主義者もまた子どもを愛すると言いながら、子どもという概念が内包するセクシャリティには深く嫌悪を催すものだ。ベジタリアンも高度に理想化された動物、つまりあまり動物とは言えない動物を愛しているのである。

じっさいベジタリアンの動物への憂慮は、人が子どもをポルノから遠ざけるときの憂慮とよく似た機能を果たす傾向にある。ベジタリアンの理論家たちは、偶然とは言えないほど頻繁に肉の拒絶とポルノの拒絶の対比を持ち出してくる。ベジタリアンが動物を愛するのは、ポルノの糾弾者が子どもを愛するのに似ている。どちらの場合も問題となるのは、当の動物や子どもが結局それほど関係しない大義名分に利用されるその手法だ。言い換えれば、ベジタリアンは動物を生それじたいに対する闘いの武器として利用しているのだ。彼らは生きることを醜く血にまみれ、嫌悪と悪臭に満ち、不正で残酷なものだなどと——計り知れない豊かさと大いなる美しさにも満ちているとはいえ——認めることはあるまい。倫理的ベジタリアンの一番の特徴は、何より彼らがとる無垢の態度だ。ベジタリアンは生き物としての身分を引き受けることと、クリーンな胃袋を維持することが同時に可能だと信じている。それは心底破滅的な幻想である。ウォルト・ディズニーが書いたのは子ども向けの美しいお話であって、生き物の物語ではない。

菜食主義の態度をめぐる議論には不十分な面が多い。倫理的ベジタリアンが（肉を食うことの）禁止と（動物の）保護をあまりに結びつけた議論をするからだ。そして今日禁止と保護とは、想像力とユートピア——ドイツの哲学者エルンスト・ブロッホが正鵠を得て「希望の原理」と呼んだ——とは袂を分かった現代左翼思想のふたつのキーワードである。ハンス・ヨナスの悲しき「責任の原理」がブロッホの「希望の原理」の反対に向かいながらこれを覆い隠したとして、それは断じて偶然ではない。

一方で通常は気づかれないが、肉食者の態度は、根源的な倫理性と相関関係にある。肉食者など軽蔑せよと言ってもいいが、それは彼らがビーフステーキをうまく擁護できないからではない。肉食者の態度をタンパク質の必要性と、またベジタリアンの態度を動物の苦しみの否定と単純化して考えるのは危険な誤解である。真に倫理的な契約と言いながらこれを誤って理解し、その潜在的な影響力と結果を過少化するのはつねに危険なことだ。

ベジタリアンとは逆に、肉食者は他の生き物のただなかにあって自分も生き物であることを引き受ける。彼は他の生き物から害されることを受け容れ、他の生き物なくしては自分が存在せず、自分が彼らの上に成り立ち、彼らの一部であること、そして逆もまたしかりであることを認識している。肉食者の倫理とはその意味で、生が彼に与えるものを受けることを了承した責任ある依存の倫理であり、すなわち他の動物への耽溺《アディクション》の倫理なのだ。

だが、肉食者のこの態度の限界も考慮しなければならない。先進国における過剰な肉食も限界のひとつで、工業的畜産の脅威とそれによる環境破壊の要因となる。倫理的ベジタリアンの態度が支持できないのは確かだとして、逆に今日政治的ベジタリアンの態度は、生きる上での必要として避けられないものである。機会を限定し儀式的に肉食をする政治的ベジタリアンになることが解決策となるのではないだろうか。少なくともわれわれは、この道を進んでみることも可能だと思われる。

日本語版へのあとがき

　ぼくの本の狙いはビーガンのふるまいが内包する曖昧さ、矛盾、言い落としを明らかにしつつ、これを批判することにある。二〇一一年の時点で、ぼくはビーガンを現代における道徳的戒律の再興と捉えていた。数年を隔てた今、この見方は自信を持って正しいと思える。以下に紹介するのは、あるフランス人哲学者とぬいぐるみの熊ミルミルの対話である。

ミルミル　読者に向けて、本のなかに出てくる主要な論点を二つ三つ挙げてくれないかな?

フランス人哲学者　ビーガンの運動というのは、八〇年代にヨーロッパで起きた道徳の再武装運動の文脈にも組み込まれる。だけどより一般的には

（たとえばイスラムの道徳主義のように）六〇年代の絶対自由主義の理想を徐々に葬り去ってゆく複合的な運動なんだ。政治的に正しくあらねばならない、環境を憂慮し、動物たちを愛さなければならないというようにね。道徳の取り締まりと言葉の取り締まりはつねに一体であるというのは、ジョージ・オーウェルの大いなる慧眼だね。

ミルミル　いいことじゃない。何が問題なの？

フランス人哲学者　ぼくが大好きなフランス語の諺があるんだ。「悪魔は細部に宿る」。〈細部〉とは最良の意図を破滅に変容させるものだよ。もうひとつの諺がこれをうまく補完してくれる。「地獄の敷石は良き意図でできている」。善良なマイノリティや女性を尊重するのはだいじだし、環境について考えるのは喫緊のことだし、旧来型の動物への暴力は許されないことだ。そのうえでのことだけど、問題はアンガジュマンだけではなく、アンガジュマンの仕方にもある。代価を持たないものなどなく、なされることの正当性を判断するために価値を見定めるのは重要なことだ。最大にポジティブな行動にもつねにネガティブな面がある。ぼくらは天使でも神でもない。人間であることの難しさは、賭けられているもののバランスを最大限見きわめることにある。

ミルミル

だけど、ビーガンを実践することのネガティブな面ってどんなもの？　健康にはいいし、環境にもいいし、哀れな動物を殺さずに済む。幸福そのものじゃない？

フランス人哲学者

宣伝文句に謳われていることだけ見れば、なぜ反論しなければならないのかわからないだろう。でも夢の世界だけでなく現実世界にも関わってみれば、状況はいつだってもっと複雑だよ。七〇年代、メキシコの神学者イヴァン・イリイチはこのテーマのパイオニアだった。彼が示したのは、すべての人間を学校に行かせるという意思は、一人ひとりの評価の崩壊やより過酷なエリート選抜、学位を持たない者の深刻な疎外といった問題につながるということだ。彼はこうも言っている。医者を万人より後ろに置くようなことは、むしろ人々の隷属状態につながり、医療産業に利用されるほかなくなると。イリイチがビーガンの問題に触れたことがないにせよ、彼はビーガンの運動を考える際のモデルになるよ。ぼくが提起したテーマは、ビーガンの発言だけじゃなく彼らの提案の意味を知ること——それは予想を裏切るようなものなんだけど——でもあるんだ。

ミルミル

でも動物を守りたいと思うのはいいことじゃないの？

フランス人哲学者

短気な反動主義者やひと握りの宗教的ファンダメンタリスト、またはエゴ剝き出しの利権屋集団を除けば、誰もが賛成することさ。

でもそのために称揚されること、また「動物を守る」という表現が意味することには問題がある。ビーガンの言うことが理屈としてまずいのは、いただけない道徳的な態度を復活し、動物虐待について考えるなら他にもっと有効な方法があるかもしれないのに、それらを一も二もなく断罪してしまうからだ。

ミルミル　どうしてきみはビーガンの言うことには根拠がないと思うの？

フランス人哲学者　三つの大きな理由がある。科学至上主義、理論の脆弱性、政治に関して単純過ぎること。

ミルミル　それは言い過ぎだよ！

フランス人哲学者　例を挙げよう。多くのビーガンは、エソロジー（動物の行動と知性に関する科学）は動物にも利害があり、痛みを感じ、感情を持ち、たがいに愛着を持ち合っているなどなどと示していると言う。

ミルミル　間違っている？

フランス人哲学者　大局的に見れば間違ってないよ。でもあくまで大局的に見ればだ。経験的に認められる結果はビーガンたちのやや拙速な解釈よりずっと複雑なんだ。たとえば彼らは〈利害〉と〈必要〉をごっちゃにしているからね。それに利害を持つと言ったって、人間と同じ意味での利害を意味するわけじゃない。動物行動学の認識論を学んできた者から言わせてもらえば、動物に関する学術的言説には概念においてかなり難解なところもあるんだ。それにビーガンは科学的事実を選んで使ったり、手を加えたりしがちで、より重要な問題を脇へ置いてきた。特に問題含みなのは植物を話題にするときだ。植物学者は植物が動物と同じように利害を持つことを示している。だったらなぜ片方は食べてよく、もう片方は食べてはいけない？　そして畑を耕すということは、作物を食うことに利益を見出す多くの小動物を排除することでもあるだろう。

ミルミル　でも植物より動物の利害の方が大きいよ！

フランス人哲学者　痛みに関してはそうだろう。それも明らかではないけどね。でも利害に関しては？　あらゆる生き物は生き延び、殺されたくないという意味で利害を持っている。科学は選択の手助けになるが、その結果にはさまざまな面がある。どんな場合でも科学が倫理的判断に代わることはないのだ。誰もビーガンに科学的結果を根拠とせよとは言っていないが、もし彼らがそうするのなら、自らのアプローチには全面的に責任を持たないとね。

ミルミル　じゃあ倫理的態度が適切でないというのはどうして？

フランス人哲学者　ベジタリアンとビーガンには、はっきりしたある大きな違いがある。ベジタリアンは個人的な理由で肉を食べたがらないが（彼らは単に肉が好きじゃないからベジタリアンなだけかもしれない）、ビーガンは倫理的な理由できみにもそれを食うなと要求するんだ。

ミルミル　彼らはそんなこと言ってないけど。

フランス人哲学者　運動としてのビーガンについて話すとき、カテゴリーとしてのビーガンは置いておこう。ビーガンはすごく戦闘的で、肉を食い続ける人々を牢獄にぶち込みかねない者だっているくらいだ。

ミルミル　またそんなことを！

フランス人哲学者　まったく言い過ぎではない。何冊か読めばわかるさ。二〇一八年、フランスでは何軒かの肉屋がビーガンに襲われた。スプレーで落書きされ、窓を割られ、血糊を撒き散らされ。大事に至らなかったとはいえ、刑事事件に発展する犯罪ではあった。ビーガンの組織は公にはこれらの行動を非難しているが、活動家の多くはむしろ喜んでいるよ。二枚舌だと疑う根拠もないが、両者が無関係だとするのはさらに根拠がない。

ミルミル　でもそれは動物にはいいことでしょう？

フランス人哲学者　他者の利益に過度に関心を持つ者は大いに疑うべしということをぼくは学んできた。それじゃあ「草食動物を危険から守ってやる義務」があると言って、ライオンや狼のような捕食動物が菜食になるための遺伝子的な改良を進めるとしたらどう考える？

ミルミル　きみはビーガンをやっつけようと出鱈目を言ってるよ。そんなこと言うもんじゃない。

フランス人哲学者　出鱈目なんか言う必要はない。たとえばフランスには『レ・カイエ・アンチスペシスト』〔本文九頁参照〕という雑誌がある。二〇一六年にぼくが呼ばれたイタリアのボローニャでのシンポジウムで、あるビーガンが勧めてくれたのがまさにこの雑誌なんだ。

ミルミル　きっと彼は野次られたんだろうね。

フランス人哲学者　全然。聴衆はそれ以前に心を奪われ、可哀そうな血まみれのガゼールの話に啜り泣いていたさ。じっさい「動物を愛する」ってどういうことなんだと思う？　肉食獣である自分の猫に菜食を押しつけるビーガンは、その猫を本当に愛していると言えるのか？　彼の愛し方は息子を虐待する母親の愛し方に似ている。あるがままの存在を否定して、破壊するという点がね。西洋では、動物機械論から動物ぬいぐるみ論へと、より悪い方に移行したと言える。

ミルミル　ぬいぐるみはいいじゃない。

フランス人哲学者　でもね、ミルミル、動物はぬいぐるみじゃないんだよ！　あるときビーガンの女性が、あなたはどうして動物を撫でる一方で食べることができるのかと尋ねてきた。彼女にワニを撫でたことがあるのかもう少しで聞きそうになったよ。動物に触れることは、何でも食わせてしまうことと同じく、すでに害悪である場合が多いし、動物園が市民を相手に抱える大きな問題でもある。

ミルミル　ぼくは猫を撫でるのは好きだけどな。

フランス人哲学者　触られるのが好きな動物もいる。猫とか（でもすべてじゃないね）エイとか。でもほとんどの動物は嫌がるよ。人の好きに撫で回せる猫やライオンに食われることのないガゼールは、言わばぬいぐるみの動物だ。守るべきは犠牲となる動物だ。そもそもビーガンの運動が、その発祥の地であるアングロサクソンや北欧の国々に深く根を下ろしたプロテスタント的な発想を持つ運動だということは、これまであまり指摘されていない。たとえばビーガン界のスターであるキャロル・アダムズは、アメリカのプロテスタント神学者でもあり、男性から女性への暴力と動物への暴力を同一化して考えている。彼女の著書のひとつはいみじくも『肉のポルノグラフィ』というタイトルなんだ！　セックスのお次は肉がアメリカ帝国主義の新しい不快さ（キモい）の対象となり、不快さとの闘いはその〈ソフトパワー〉に組み込まれていく。

ミルミル　その何だって？

フランス人哲学者　〈ソフトパワー〉だよ。一九九〇年にジョセフ・ナイにより提唱された概念だ。ナイによれば、アメリカはもはや武器の力ではなく、イデオロギーの力で支配するのだと言う。ビーガンの問題は、十六世紀以降ヨーロッパを引き裂いたプロテスタントとカトリックの宗教戦争と、自国の製品やルールを世界の他地域に強要するアングロサクソンの帝国主義という二重のコンテクストに置いてみないと理解できない。

ミルミル

つまり動物への同情的関心がヨーロッパ史における宗教分裂に遡るピューリタンの道徳的プログラムに組み込まれていると言いたいの？

フランス人哲学者

少なくともぼくが追求したいと思っている仮説ではあるよ。動物の擁護は、人々が道徳的であった、あるいはそう思われていた時代に戻りたいというアンビバレントな欲望を具体化している（それだけではないけれど）。啓蒙主義——厳密な意味での——に対抗するプロジェクトというより、六〇年代に起きた絶対自由主義のブームに対抗するプロジェクトだ。その意味で西洋のビーガンの態度は、哀れみの歴史に根ざすアジアの仏教思想におけるベジタリアンの態度とは大きく違っていると言えるだろう。

ミルミル　とは言えビーガンは動物を愛しているよね。

フランス人哲学者　そうは思わないね。ビーガンは動物をありのままには愛していない。彼らは自分がそうあってほしいように動物を愛するんだ。

ミルミル　ところで、どうしてきみは動物を守るのにより有効な方法をビーガンが認めないと言うの？

フランス人哲学者　じっさいビーガンに対するぼくの最大の異論がそこ——ある種の政治的ナイーヴさ——にあるんだ。重要なのは、肉食をめぐる道徳的問題ではなく、工業的畜産をめぐる政治的問題だ。食肉工場での動物の扱いは受け容れられないが、肉を食わないことで状況を変えようと考えるのはナイーヴ過ぎる。食肉工場を閉鎖したいという願望にぼくは全面的に共感するが、この願望はネオリベラルな資本主義体制においては意味をなさない。

ミルミル
でもガンジーのイギリス人に対するボイコットキャンペーンは成功だったと言えるでしょ。より多くの人々が肉を食べなくなれば、工業的畜産も終わらざるをえないと思うよ

フランス人哲学者
フランスにビーガンがどれだけいるか知ってるかい？　人口の〇・五パーセントだよ！　一方でガンディーを支持したインド人は多数派だった。この少数のビーガンたちは非常に強力だが、あまりに少数なので実質的には存在しないに等しい。

ミルミル
重要なのは人数ではなく倫理的な信念でしょう。

フランス人哲学者　もしボイコットを有効なものにしたいなら、人数は多い方が得だよ、ちび熊くん。でなければ空論を語っていることになる。彼らの態度の理論的土台は置くとしても、ビーガンの戦略は効果がないし、道徳的な原則を過剰に出し過ぎる。これはつねに危険なことだ。道徳性は節度をもってしか使ってはならない。さもないと百歩譲っても全体主義に堕すのはあっという間だよ。

ミルミル　ではきみの代案は？

フランス人哲学者　〈倫理的肉食者〉と呼ぶべき態度だ。肉を食うが、その肉は正しく扱われ、節度ある畜殺場で適切に処理されている。そして肉の消費を大規模に減らす。もう一度言うけど、ぼくにとって重要なのは肉を食わないことではなく、倫理的に肉を食わないことなんだ。

ミルミル　でもきみは階級の問題は考えていないよね　倫理的な肉は工業的畜産による肉より高くつくよ。

フランス人哲学者　肉を食うことは高くつく。でも肉を一日何度も、毎日のように食べなくたっていい。肉食が社会における優先事項と考える謂れはない。

ミルミル　でもなぜ食肉産業はそれほど残酷なの？

フランス人哲学者　食肉産業がひとつのことしか追求しないからだ。つまり最大の利益ということだよ。

ミルミル　きみは社会主義による共同体を求めているということ？

フランス人哲学者　そんなことは言ってない。節度ある資本主義がいい。節度、節度があればね。産業化した動物への虐待は、政治的革命によってしか止まらない。それ以外は道徳家の駄弁だよ。

ミルミル　産業界の関係者を牢屋に入れろと？

フランス人哲学者　監獄が十分な解決になることはまずないよ。これらの産業と同じ土俵で闘うことがより効果的だ。残酷さのツケを払わせ、チンピラ食肉産業への国家補助をなくし、損害賠償を要求して。

ミルミル　でも政治家たちはぜったいにそうしないよね。選挙に勝つにはこれらの産業は必要でしょ。

フランス人哲学者　政治家たち抜きでできるような政治システムが組織されなければね。現行の代表民主制は袋小路に陥っている。もっと別のかたちの、民衆に近い民主主義が必要だ。たとえばフランスのジレ・

ジョーヌ〔黄色いベスト〕運動が市民主導の国民投票（RIC）を要求しているように。国家は論外の立法府と共犯だし、産業界はそれを握っている。マレー・ロスバードのような超資本主義のリバタリアニズムの理論家が言うのとは反対に、資本家の存続には国家が不可欠だ！　RICの基本方針は追求するに価する有望な道のひとつで、フランス政府の対応が、中国が——民主主義の一典型だということは知っての通りだ——香港に対ししようとしたのと同様、政治的抑圧であることを非難もできる。大多数が産業化された畜産には反対だが、だからと言って別に肉を食べることをやめなくたっていいと思う。

ミルミル

とは言えビーガンは物事を動かすことには成功したんじゃない？

フランス人哲学者

確かに。彼らは一部の肉食者を倫理的に向上させたね！　これはビーガンの態度に見られるいくつもの矛盾のひとつなんだ。ビーガンの言うことは耳を傾けるには値する。だからと言って彼らの道徳臭い妄言に従う必要はないよ。ひとつだけ例を挙げよう。フランスのスーパー、カルフールでは最近、生産者の確かでない卵は置かないことになったんだ。倫理に反する肉は次第に高くつくようになるだろう。まだすべての結果が検証されたわけではないが、小さな革命を起こすための有効な原則を打ち立てるのは、卵を食べないビーガンたちではない。

ミルミル

でも今や人工肉のステーキを買えるなら、なぜ動物を殺して食べ続けるの？

フランス人哲学者

ああ、人工肉ステーキ！　またもやビーガンの思いつきだね。このテーマは問題の核心に触れており、ビーガン運動の重要な変化を示しているという点で面白い。核心に触れているというのは、人工肉は純粋に資本主義的な産物だからだ。これは肉食をプロテインの摂取に還元してしまう、何より肉との純然たる功利主義的関係だ。

ミルミル　でも肉食がプロテイン摂取だというのはその通りでしょ。

フランス人哲学者　いや、違う。多くの文化において、肉食とは動物への犠牲的行為であり、動物を自身のなかに迎え入れ、動物を自身とし、自分も動物であることを真に引き受ける方法だ。人工肉は肉ではない。肉とはかつて生きていた動物なんだ。人工肉は研究所で生産された細胞の寄せ集めに過ぎない。細胞工学の単なる産物だ。ビーガンは「何が悪い？」と言うだろうが、ぼくの答えは、これはヒトの食の運命をスタートアップ企業と多国籍企業の手に委ねる思惑だということになる。スタートアップも多国籍企業も同じことだ。あらゆるスタートアップの使命は多国籍企業に（高値で！）買われることだからね。多国籍企業の有害な側面、とりわけ環境と政治面での弊害がますますわかってきている今、彼らの権力を強化することには首をかしげるよ。多国籍の食肉産業と闘いながら彼らの擁護をするなんて、まったく一貫性を欠いている！

ミルミル
でもそのおかげで、肉食者は動物を殺さなくても肉を食べられるんでしょ。

フランス人哲学者
だから？　動物を殺すのがなぜそんなにも悪いことなんだい？そんな風に一緒くたに考えるのは、動物たちが今もたがいに殺し合い、あるいは植物を殺しているという自然状態を否定することになるよ。問題は動物を殺すことにより苦痛を与えるということと、過剰に殺すことだろう。ビーガンは自分たちで言っているのとは反対に自然を愛していない　だからぼくは彼らをピューリタンだと言うんだ。自然を愛していながら、ライオンがビーガンになるよう遺伝子的に改良しなければならないなどと言うビーガンは、黒人は好きだが、彼らが白い肌になるよう遺伝子的に改良できればなおよいと言う人種差別主義者と同類だ。反エコロジーに向かうビーガンは増えるばかりだよ。

ミルミル　ではきみの言うビーガン運動の変化とは？

フランス人哲学者　ビーガンたちは、彼らが呼ぶところの「カルニスト」（ぼくが言う肉食者）のことを、再教育すべき背徳者というより手当てすべき病人と捉え始めている。

ミルミル　病人？

フランス人哲学者　肉食の欲求はビーガンには中毒の一種だと思われてきている。タバコとかヘロインの中毒みたいにね。カルニストは深刻な背徳者であるのをやめ、中毒者になったんだ。ぼくは何年か前、ビーガンたちがカルニストの問題は〈肉の味〉を我慢できなくなっていることだと力説するのを聞いたときにこのことを知ったんだ。

ミルミル

なるほど。だけど肉食はやっぱり森林を破壊するし、環境に対する大きな脅威ではあるよね？

フランス人哲学者

その通りだ。だがそれは話の一部にすぎない。まずは見方を変えよう。すでに道徳ではなくエコロジーの話になっているよね。ぼくにとって、これはすでに進展だ。じっさいエコロジーの面で必要なことを考えてみれば、必ずしもビーガン的な結論には至らない。たとえば統計資料は、かなり病的なアメリカ人の生活スタイルにおける肉の大量消費に基づいて計算されている。この問題から、中国やインドの来たるべき状況はより深刻なものとなることを考えなければならない。今超少数派のビーガンは、世界の序列のなかでさらに少数派となる。

ミルミル 不信に基づく議論だね。意味があるのは数字ではなく、ふるまいの正しさでしょ。

フランス人哲学者 それがぼくには問題だ。まさにわれわれは数の問題のなかにいる。ビーガンが批判されるとしたら、ビーガン主義の持つ価値とは別に、彼らが失敗するに決まっている、あるいはせいぜい掲げている目標に対してほとんど効果を上げない戦略を採って世界を変えようとしているせいだ。〈倫理的肉食者〉の態度の方が潜在的により多くの信奉者を集められるし、状況をすばやく改善できるという利点を持っている。肉の消費が増えてしまう主な理由は、ひとえに産業がそのような消費に利益を見出していることにある。問題の根源としてすでに議論してきたことだが、ネオリベラリズムの徹底した制御をせずしてわれわれの食体系を改革しようなど、根拠に乏しいユートピアだ。その他の大きな問題に、ビーガンの代用的な食料となる野菜の耕作もまた、環境にとっての大きな脅威となるということがある。このことを軽視してはいけない。

ミルミル　なんとまあ、きみは本当に悲観主義者だね。ではどうしたらいいの？

フランス人哲学者　まず、問題となることをよく考えてみる。過剰な数の人間が過剰に肉を食べるというなら、肉の消費量でなく肉食者の数の方を減らせばいい。彼らをビーガンにするよりも効果的な方法でね。でもこれは西洋ではタブーに触れてしまうことになる。

ミルミル　ではビーガン食をめぐるこの論争に哲学者はどう貢献できるのかな？

フランス人哲学者　ビーガンであること、あるいは雑食者（肉食者はむしろ雑食者だ）であることとはどういうことか、真剣に合理的にそして理性的に議論することに加え、ヒトの哺乳類的側面について問題提起するような栄養摂取の哲学を立ち上げることが重要だ。食うために動物を殺すのは受け容れがたいから、肉食はやめなければならないというビーガンにもおそらく理はある。だが厳密さをきわめるなら、ぼくなら彼らよりさらにラディカルになるよ。植物を殺すことだってやめなければならないし、最終的には哺乳類であることをやめ、植物化 s'envégétaliser しなければならないだろう。

ミルミル　「植物化する」って、それフランス語なの？

フランス人哲学者　いいや、だけど語彙論について細かいことをごちゃごちゃ言うのはやめようよ。来るべき世界を厳密に考えるには言語を変えていかなくちゃ。「植物化する」とは、太陽と水とミネラル塩のみの摂取で生きられるという意味だよ。でも同時に、ヒトであるのをやめることでもある。重要なのは、動物を食うという事実が真に意味するのは何かと問うことだ。肉を食わなくなることで本当に失うものは何か？　これだけの難題に取り組むことは、動物たちのなかで十全に動物であることを認識することにもつながる。ぼくはこれを生成の哲学において賭けられているものの重要なひとつだと思っているよ。動物とともに生きることに満足するのでなく、動物のただなかで生きること、そして自身として動物を歓待すること。したがって動物を食うとは、彼らのなかにあって動物性と同一化する戦略でしかない。動物と根本的に一体化するこの戦略をぼくは〈未来の動物学〉と呼び、今テーマとして考えているところだ。それはまた別の話題だけれどね。

訳者あとがき

本書はDominique Lestel, *Apologie du carnivore*, 2011, Fayardの全訳である。あとがきは日本語版の読者のために、著者が書き下ろしを送ってくれた。

著者ドミニク・レステルはパリにある高等師範学校の教授であり、哲学、動物行動学を専門とする。著作は多いが、『肉食者の擁護』の原題を持つ本書はマニフェストの色合いが濃く、異彩を放つ一冊と言える。

これまでフランスで発表された著作には、ヒトと動物の差異を文化の有無で切り分ける態度に疑問を付し、動物の持つ文化について詳細に論じた『文化の動物的起源』（二〇〇一年）や、本書同様、肉食に焦点を当て、ヒトの持つ動物性や生命の相互依存の問題として考察した『動物はヒトの未来』（二〇一〇年）、そしてヒトと自然が不可分であることを主張した『ヒトは何の役に立つのか』（二〇一五年）などがあり、昨年秋には、新刊『われわれは他の動物である』も発表されている。

いずれも一貫して、西洋の文化に内在する人間優位の動物観を洗い出し、ヒトと動物の関係を根底から捉え直そうとする態度が貫かれている。

本書は一般向けに書かれたごくコンパクトなエッセイであり、「アミューズ」「オードブル」と章タイトルを並べれば一冊でフランス料理のコースができ上がる、という洒落た作りになっている。だからと言って「肉食者の擁護」のタイトルに美食の勧めに類する意図を期待するなら間違いである。本書の根底にあるのはあくまで動物行動学の延長にある倫理的態度だ。また読み始めてみれば、本書がビーガン（倫理的ベジタリアン）への反論の書となっていることに誰しも気づくだろう。ではビーガンに対抗する倫理的肉食者としての主張とはどんなものか。著者初の単行本邦訳であるし、日本ではまだビーガンをめぐる議論がそれほど浸透していないと思われるので、議論の内容を補足しつつ簡単に紹介してみたい。

ビーガンとは、体質や嗜好を理由に肉食をしないのではなく、肉食を倫理的に悪と見做して受け容れないベジタリアンのことである。ビーガンが拒絶するのは肉食だけでない。その禁止項目には、毛皮や羊毛の利用から、牛乳など乳製品の摂取までが含まれる。彼らはとりわけ屠畜、つまり動物を殺すことを前提とする肉食を否定し、これに反する肉食者を批判している。彼らの主張の原点には、種差別（spécisme, speciesism）に反対するという発想がある。ヒト以外の種を軽んじることを意味する種差別という概念は一九七〇年代、ピーター・シンガーが著書『動物の解放』により広めたもので、人種差別や性差別とも関連づけて論じられることが多い。この考えに依って立つベジタリアンらによれば、ヒトが他の生物を食用にする行為は種差別主義だということになる。

ビーガンの姿勢に対するレステルの反論の概要を以下にまとめてみよう。

本来、ヒトも他のすべての生物とともに生態系のなかで生きている。その中心には捕食行為があり、相互に命の交換がおこなわれている。その循環があるにもかかわらず、ヒトにのみ他の動物がしている行為を禁じることは、ヒトと動物間に境界を築いてヒトを特権化し、循環から除外することになる。ビーガンの態度は、動物愛護を謳いながら、他の動物同様ヒトにも備わっていたはずの動物性を否定し根絶しようとするものだ。これに対しレステルは、ヒトも動物の一員として生命の循環のなかに身を置き、代謝として動物性を生きる、すなわち他の動物の肉を食うことこそが倫理的態度だと考える。

レステルによれば、殺されることによる動物の苦痛を何よりも否定するビーガンは、肉食行為が根絶され動物が殺されなくなれば、世界に調和と平和が訪れると信じている。だが何度か出てくるディズニーの比喩が示しているように、残酷さも苦痛も利害の対立もない世界など現実には存在しない幻想物語に過ぎない。動物を愛すると言いながら、動物性が内包する残酷さは見ようとしないビーガンの態度には一貫性がない。彼らが愛しているのは、ありのままの動物というより内実のないぬいぐるみと言っていいだろう（あとがきに登場する熊のぬいぐるみミルミルは作者による目配せに違いない）。こうした無垢の世界の到来を信じるビーガンを、著者は自然そしてヒトから遠ざかろうとする者だとし、その主張を「生を嫌悪する者の価値論」だと断じている。逆に著者は、あらゆる生物には生死のサイクルに関わることでリスクを取るという性質が根源的に備わっており、また生きてゆくにはかならず代償があるのだと力説する。他の動物を食うとはすなわち同時にその代償を引き受けることなのだから、無償の食事（フリーランチ）というものは存在しないのだ。

このように「第一のメインディッシュ」で主にビーガンの主張の問題点が挙げ

られた後、「第二のメインディッシュ」では、レステルが構想する倫理的肉食者としてのヴィジョンがあらためて提起される。このヴィジョンとして強調されるのが、前章でも述べられていた生物間における相互交換の原則だ。この普遍的原則を前提に、他の動物を食いながら人間は永遠の負債を負い、そのことを恒久的に追悼せねばならないという倫理的義務が生じてくる。ここで著者が引いているのが北米ケベックの先住民アルゴンキン族の例である。彼らの食文化のスタイルにおいて重要なのは、動物を殺さないことではなく不要な苦しみを与えず殺す、そして獲物を隅々まで無駄にしないことだ。これは他の生物を道具と見做し、残酷さを引き受けようとしない態度とは対極にあると言っていい。このヴィジョンのなかで積極的に捉えられるのが、依存の価値だ。依存とは一般にイメージされるような受動性にのみ結びついたものではない。依存はヒトと動物の関係を基礎づけるものであり、ヒトも生物間における依存契約の内にある。そしてそのただなかで摂取してよい限界を見極めてゆく。このあり方を著者は生の共有の倫理と呼ぶが、それは同情の倫理や平等の倫理とはまったく異なるものだ。

これらのヴィジョンを展開しながら、レステルは自らの立ち位置をヴィーガンとはもちろん、所有欲を過度に満たそうとする肉食者とも異なるとし、意外なことに政治的ベジタリアンと著者が呼ぶ、一部のベジタリアンのスタンスにもっとも共感すると言う。彼らが議論の対象とする工業的畜産（より否定的な言葉で言えば工場畜産）の非道や肉食の伴侶（犬や猫など）の扱い、肉食が環境にもたらす悪影響などは著者の共感するところであり、その意味でベジタリアンが今後果たすべき現実的役割に活路を見出しているようだ。そのうえで自ら掲げる相互性の倫理、または生の共有の倫理に照らせば、問題は肉を食わないことではなく、過剰に食わないことだとし、最終的には、奪った命を追悼しつつ機会を限った肉食者となることを提案してこの試論の結びとしている。

　主張の具体的内容はひとまず措き、本書の論争的な構えがどこから来るものなのか、疑問に感じる読者もいるだろう。近年フランスでは、ビーガンによる精肉店や食肉加工業者などへの過激とも言える嫌がらせ事件が全土にわたって起きており、その実態の一部は日本語メディアでも報道されている（二〇一九年四月九日のAFP記事「「完全菜食主義者」2人に禁錮刑、精肉店など相次ぎ襲う」https://www.afpbb.com/

articles/-/3219904、や二〇一八年九月三〇日付の同社記事「「刑務所に入る覚悟」菜食主義者による襲撃相次ぐ」https://www.afpbb.com/articles/-/3191492など。二〇二〇年四月十一日検索）。

日本にいると目につくことは少ないが、動物愛護の大義名分を振りかざした暴力性の顕在は、本書の直接的な反論の呼び水となっていると思われる。またビーガンやベジタリアンと結びつけてしばしば批判的に言及されるアングロサクソンは、あとがきにもあるように、フランス人の著者にとっては英語圏のピューリタン的道徳観を体現する主体としてイメージされているようだ。だが前段の最後に示したように、著者はすべてのベジタリアンに敵対しているわけではなく、またむしろ英語圏で盛んなアニマルスタディーズの議論を紹介し、フランスの知的土壌に積極的に取り込もうとしているようにも受け止められる。

くり返しになるが、レステルが異議を申し立てているのは、生物界におけるヒトの圧倒的優位を疑わない態度である。動物行動学から出発し、ヒトと他の動物が相互に影響し、変容し合う「双構築主義」というアイディアに至った著者にとって、人間による上から目線の動物愛護は偽善に過ぎない。直接的な批判の矛先は過激なビーガンだが、一方で同じ批判はより深いものとして、古代ギリシア以来、つねに人間を中心に置いてきた西洋の伝統的哲学にも向けられている。その筆頭に挙げられるのは、本書にも登場する動物機械論を唱えたデカルトだろう。だが現在、哲学や現代思想のフィールドにおいても動物を巡る議論はむしろ活発に展開されており、思いつくだけでもバタイユ、デリダ、アガンベン、ナンシー、ドゥルーズなどの名が挙げられる。それぞれのアプローチを著者は当然知るはずだが、本書でも仄めかされているように、完全な他者としての動物を言語のレベルで追求しようとする態度は、少なくとも著者にとっては本源的なものではなく、著者の目指すヒトの側の動物性回復とは距離があるようだ。

一方、肉食が日常化したとはいえ、仏教の説く殺生戒が知らず識らず浸透している多くの日本人にとっては、ヒトと動物が対等であり、代価を払って生をいただくというレステルの考えはそれほど違和感なく納得できるものなのではないだろうか。挑発的な著者の口調がむしろ過剰に思える向きもあるだろう。だが右に述べたような西洋の根強い人間中心主義というバックボーンを押さえれば、批判に要するエネルギーの大きさも理解できることと思う。じっさいレステル自身、日本との関係は深い。二〇〇七年に東京大学で行われた講演をはじめ、東京農工大学、慶應義塾大学、東京外国語大学など、現在に至るまで多くの大学でレクチャーやシンポジウムに参加してきた実績がある。著作のエピグラフとして村上春樹『海辺のカフカ』の一節が使われたり、日系アメリカ人との対話が出てくるなど、テキストの端々からも日本へのシンパシーが伺える。

哲学者、動物行動学者と紹介されるが、著者のフィールドはそこだけにとどまらず、最近ではAI、ロボット工学なども含めた幅広い射程で動物とヒトの新たな関係を模索しているという。本書においても、中心テーマである「肉を食うこと」を踏み越え、本書のキーワードである代謝化 métaboliser、すなわち自らの体内に他を取り込むことを軸として、医学とアートの横断的パフォーマンスである人工ステーキ生成や臓器移植の問題などへと議論が広がり、大胆な問題提起がされているのが面白かった。また、動物は駄目だが植物の生は奪ってよいとするベジタリアンの矛盾に言及するなかで展開される植物の知性をめぐる考察も現代性を持った興味深いテーマである。

訳者は本書を非常勤講師を務める同志社大学の授業「外国書講読」のテキスト

として取り上げ、二〇一八年から翌年にかけて受講生たちとともにじっくり読んだ。フランス語の訳読授業のつもりが、シラバスに興味を持ったビーガンの学生やフランスからの留学生も参加し、思いがけずレステルの主張に対するビーガン側の反論に耳を傾ける機会ともなった。訳者自身は現在ごく普通に（ときには美食として）肉食をする雑食者だが、成人する頃まで心理的な理由で肉を食べることができなかった。本書に一字一句触れ、また学生らと京都のビーガンレストランを訪ねるなどするうち、生きた動物がどうしても連想され肉食を拒否していた頃の感覚や、細かなことに動じない大人の世界の一員となるために我慢して肉食を受け容れたことなどが思い出された。ナイーヴな個人史に過ぎず、子どもの自分がヒトと獣の関係や食の倫理を意識していたわけではないが、ベジタリアンにも倫理的肉食者にも通じうる代謝することへの根源的な感受性、企業利益のためなら過剰な殺生さえ厭わない現代社会の病理といった本書のテーマとも結びつけることは可能なのではないかとも思う。

　ところでこれを書いている現在は、新型コロナウイルスの感染拡大が未だ収まらず、第二次大戦後初めてと言える規模での都市生活の機能不全が起きている。

医療、経済、教育といった社会を作る基本要素が感染症の脅威の前ではかくも脆弱なものだとは、たぶんほとんど誰も予想していなかっただろう。感染症の流行と肉食の問題は一見無関係に見えるかもしれない。だがたとえば霊長類学者のジェイン・グドールは、今回のパンデミックは環境破壊にともなう動物の軽視が招いたものだと告発し、大規模農業を目的とする森林伐採や集約農場が種の異なる動物間の、あるいはヒトと他の動物の距離を近づけ、ウィルス感染を容易にしたと説明する。その上でグドールは、一人ひとりが自ら食べるものの来歴を意識することがこうした事態を防ぐことにつながるとも提言している。このようにじつは大きな流れのなかで隣り合う新型コロナ問題と肉食をめぐる問題がそれぞれの角度から明らかにしているのは、利権と手を切れず、市民の生の営みをシンプルに優先できない従来型政治体制の限界だろう。多くの想像を超える今回の問題は、私たちが立ち止まって根本から変わらざるを得ないときが来ていることを突きつけているのではないだろうか。そして未来の生活を考えるひとつの手がかりとして、本書を手に取る読者がいてくれればと願っている。

あとがきの終わりに、いち早く本書を発見し、翻訳を勧めてくれた菅啓次郎氏、最後まで伴走してくれた左右社の東辻浩太郎氏に謝辞を述べて筆を擱きたい。

二〇二〇年四月　大辻 都

46 Cora Diamond, 1937-　アメリカ合衆国の哲学者。ヴィトゲンシュタインに関する研究のほか、『〈動物のいのち〉と哲学』（中川雄一訳、春秋社、2010年）所収の論文「現実の難しさと哲学の難しさ」などがある。

47 ［原注］私の知るかぎり、20世紀後半ゴシップを賑わせた犯罪的カニバリズムの全事例において、人を食したのは男であり、女はいない。私はこの貴重な事実をフェミニストに提供したいと思う。彼女たちはそこに男性の醜悪さの「もうひとつの」症例を発見できるだろう。

48 Marie-Pierre Bousquet　人類学者。カナダ、特にケベックのアメリカインディアンを研究対象とする。モントリオール大学教授。

49 ［原注］西洋においては、ストア学派はこの方向へと突き進む。彼らが求める運命愛という表現はもっとも明快と言える。すなわち「汝の義務とするものを愛せ」ということである。だがこう言ってさらに突き詰めることも可能かもしれない。「汝が義務とするもののポジティブな面を見つけよ」。つまり選択肢があったとしても、汝が選ぶものは今汝に強いられたものなのだ。

50 Gabriel Marcel, 1889-1973　フランスの哲学者、劇作家。キリスト教的実存主義の立場を採る。著作に『存在と所有』『存在の神秘』など。

51 Jacques Derrida, 1930-2004　アルジェリア出身のユダヤ系フランス人哲学者。脱構築、散種などの概念で知られる。晩年には動物をめぐる論考も発表（『動物を追う、ゆえに私は〈動物で〉ある』鵜飼哲訳、筑摩書房、2006年など）。

52 Avital Ronell, 1952-　プラハ出身の米国の哲学者、ドイツ文学者、フェミニズム批評。

53 ［原注］われわれの意識を「広げる」とせず「深める」という者もいるかもしれないが、深さの比喩はつねに非常に疑わしく、私は地形的、地理学的な比喩の方を好む。いずれこの点には触れなければならない。

54 ［原注］ベジタリアン、ことに倫理的ベジタリアンは当然この区別に反対するだろう。彼らはたとえば私がマキャベリ的戦略を展開し、分離することで滅ぼそうとしていると確信している

55 Claude Lévi-Strauss, 1908-2009　フランスの人類学者。引用されている記事は「狂牛病の教訓（La mucca e pazza un po'cannibale, *La Repubblica*, 24 novembre 1996）」『われらみな食人種　レヴィ=ストロース随想集』（渡辺公三監訳、泉克典訳、創元社、2019年）に収録。

35 Steve Sapontzis, 1945-　アメリカ合衆国の哲学者。動物倫理、環境倫理を専門とする。

36 Florence Burgat, 1962-　フランスの哲学者。国立農学研究所ディレクター。動物の生、動物の条件の研究を進める。

37 Oron Catts　ヘルシンキ生まれのヴィジュアル・アーティスト。西パース大学において、アートと生物学を融合した活動をおこなうSymbioticAを創設した。

38 Ionat Zurr, Guy Ben-Ary　ともに前出のオロン・キャッツと共同でSymbioticAの活動をおこなうアーティスト。

39 John Baird Callicott, 1941-　アメリカ合衆国の哲学者。環境哲学の分野を切り拓いた。

40 フランスの啓蒙思想家ヴォルテールの小説『カンディード』（1759）の主人公。「自分の庭を耕さねばならない」の台詞で有名。

41 Frans de Waal, 1948-　オランダ出身の動物行動学者、霊長類学者。『チンパンジーの政治学　猿の権力と性』（西田利貞訳、産経新聞出版、2006年）をはじめ、類人猿の行動をめぐる著書で有名。

42 ［原注］私はここでノルウェイの哲学者、アルネ・ナエスによる「表層的エコロジー」と「深遠なエコロジー」の区別を、確かにややアイロニックなかたちで取り入れている

43 ［原注］不勉強にもダナ・ハラウェイを未読だった著者に本書を紹介してくれたヴァンシアーヌ・デスプレに感謝する。

Donna Haraway, 1944-　アメリカ合衆国のフェミニスト。カリフォルニア大学サンタクルーズ校名誉教授。『猿と女とサイボーグ　自然の再発明』（高橋さきの訳、青土社、2000年）、『伴侶種宣言　犬と人の「重要な他者性」』（永野文香訳、以文社、2013年）、『犬と人が出会うとき　異種協働のポリティクス』（高橋さきの訳、青土社、2013年）などがある。

44 Gary Snyder, 1930-　アメリカ合衆国西海岸出身の詩人、自然保護活動家。『亀の島』（1974）でピュリッツァー賞受賞。1950年代から60年代にかけて京都に滞在し、相国寺で禅を学ぶ。宮澤賢治の詩の英訳もおこなった。

45 ［原注］この追悼という考えへの関心が、ヴァンシアヌ・デスプレとワインを二杯酌み交わす間に生まれたことに謝意を示したい。西洋の思想史において葡萄の重要性を過大評価してはならないが、ベジタリアンの態度をめぐるこの議論において言及することは理に適っているのではないか。

保護機関を設立した。

24 John Boyd Orr, 1880-1971　スコットランド出身の医師。第一次大戦に医師として従軍した頃から栄養学の調査研究に取り組む。のちに国際連合食糧農業機関の初代長官としてノーベル平和賞を受賞。

25 Brigid Brophy, 1929-1995　イギリスの小説家、批評家、作家の権利や動物の権利を求める社会運動家。代表作に『雪の舞踏会』（丸谷才一訳、中公文庫、2010年）など。

26 Thomas Paine, 1773-1809　イギリス生まれの哲学者、政治活動家。政治パンフレット『コモンセンス』（1776）が米独立戦争に影響した。平和的民主主義を求め、『人間の権利』で貴族の世襲制に反対、英国から追放される。革命期のフランスに渡り、国民公会の新憲法の草案に関わった。

27 Peter Caddy 1917-1994, Eileen Caddy 1917-2006　ピーターはホテル経営者、アイリーンはスピリチュアルの指導者。1962年、スコットランド北東部の村フィンドホーンにベジタリアンのコミュニティを創設。

28 動物を擬人化して捉え、人間自身の感情、価値観を投影すること。

29 John Burdon Sanderson Haldane, 1892-1964　イギリスの生物学者。近代進化論を開拓したひとり。クローンの造語でも有名。

30 ［原注］ジェレミー・ナービー『自然のなかの知性　知を求めて』（*Intelligence dans la nature. En quête du savoir*, Paris, Buchet-Chastel, 2005）。
Jeremy Narby, 1959-　カナダ・ケベック州出身の人類学者。シャーマニズムと分子生物学を研究。主著として、本文にも言及されている『自然のなかの知性　知を求めて』（*Intelligence in Nature: An Inquiry into Knowledge*, Tarcher/Penguin, 2005）がある

31 ファージによって遺伝物質の一部が他のバクテリアへ移動すること。形質導入。

32 Joanne Elizabeth Lauck, 1947-　環境学の教育者。主著『小さきものの永遠の声』（*The Voice of the Infinite in the Small: Re-Visioning the Insect-Human Connection*, Swan Raven, 1998）は1999年、エディターズ・チョイス・アワードを受賞。

33 Richard Hood Jack Dudley Ryder, 1940-　イギリスの心理学者、動物の権利を守る活動家。

34 Peter Singer, 1946-　オーストラリア・メルボルン出身の哲学者。専門は応用倫理。主著『動物の解放』（1975）はアニマル・ライツ、菜食主義の基本書とされる。

9 Carol J. Adams, 1951-　アメリカ合衆国のフェミニスト作家。動物の権利を擁護。本書(*The Sexual Politics of Meat: A Feminist-Vegetarian Critical Theory*, Continuum, 1990)　の他に『肉のポルノグラフィ』(*The Pornography of Meat*, Continuum, 2004)など。

10 Marcel Détienne, 1935-2019　ベルギー出身の古典学者。『アドニスの園 ギリシアの香料神話』(小苅米けん・鵜沢武保訳、せりか書房、1983年)。

11 Plutarque, c.46-120 ギリシアの思想家、伝記作家。『英雄伝』で知られる他、動物の理性の有無や肉食の是非など動物をめぐる倫理的考察も残している。

12 Pierre Gassendi, 1592-1655　フランスの物理学者・数学者・哲学者。エピクロスの唯物論を擁護。

13 Van Helmont, 1580-1644　オランダの生理学者、化学者、医師。錬金術と化学を融合。二酸化炭素を発見。晩年イエズス会に著書を糾問される。

14 Thomas Tryon, 1634-1703　イギリス人商人、菜食主義を奨励した。

15 Humphrey Primatt, 1735-76　イギリス国教会神父。

16 ケント州、海岸沿いの観光地。

17 William Horsell, 1807-63　イギリスのベジタリアン運動家。『ベジタリアン料理の科学』(*The Science of Cooking Vegetarian Food*, 1856)などの著書がある

18 Justus von Liebig, 1803-73　ドイツの化学者。有機化学の確立に大きく貢献した、19世紀最大の化学者の一人。窒素・リン酸・カリウムで化学肥料を作った農芸化学の父。

19 William Metcalfe, 1788-1862　聖職者。フィラデルフィアの教会を本拠にベジタリアンの思想を普及させた。

20 Richard Wagner, 1813-83　ドイツの作曲家。論文「宗教と芸術」では世界に救いをもたらすためとして、菜食主義、動物愛護などを提案している。

21 Gayelord Hauser, 1895-1984　ドイツ生まれのアメリカの栄養学者。自然食を推奨。ハリウッドでディートリッヒやグレタ・ガルボら有名スターの食のアドバイザーを務めた。

22 Maximilian Oscar Bircher-Benner, 1867-1939　スイス出身の医師、自然学者。ホリスティック医学や自然治癒のパイオニア的存在で、シリアル食品のミューズリー(ミュースリ)の考案者として有名。

23 Nina Hosali, 1898-1987　アーティスト。母ケイトとともに北アフリカに動物

註

1 反=種差別の思想(後出52頁)を広めることを目的とし、1991年にフランスで刊行された雑誌。エスティヴァ・レウスは編集人のひとり。

2 [原注]このテーマの書物は膨大だが、同じような内容が非常に多い。倫理的菜食主義を内側から理解するにあたって、一冊の情熱的な書物を推薦しよう。ケリー・ウォルターズ、リサ・ポートネス編『倫理的菜食主義　ピタゴラスからピーター・シンガーまで』(*Ethical Vegetarianism: From Pythagoras to Peter Singer*, New York, SUNY Press, 1999)。

3 [原注]私が食肉業界からびた一文もらっていないのは当然である。私にはすでに敵が多い。これ以上、危険な友を背負い込むのは無益である。

4 George Orwell, 1903-50　イギリスの作家。小説『動物農場』(1945)には、動物たちがつくり上げる「動物主義」の掟のひとつに「動物は他の動物を殺してはならない」というものがある。

5 Aldo Leopold, 1887-1948　アメリカ合衆国の生態学者、環境保護主義者。『野生のうたが聞こえる』(1949)(新島義昭訳、講談社学術文庫、1997年)で知られる。

6 Paul Shepard, 1925-96　アメリカ合衆国の環境学者。『狩猟人の系譜　反農耕文明論への人間学的アプローチ』(小原秀雄訳、蒼樹書房、1975年)、『動物論　思考と文化の起源について』(寺田鴻訳、どうぶつ社、1991年)などの邦訳がある。

7 [原注]やむなくベジタリアンとなったジョージ・バーナード・ショウは、倫理的理由でそうなれないことを悔やんでいた……

8 Jeremy Bentham, 1748-1832　イギリスの法学者、経済学者。功利主義を主唱し、「最大多数の最大幸福」の言で知られる。『道徳および立法の諸原理序説』(1789)において、ヒト以外の動物の扱いに関し、理性や言葉の有無ではなく「苦しむことができるかどうか」が基準になると述べ、後世のピーター・シンガーらアニマルライツの支持者に大きな影響を与えた。

ドミニク・レステル　Dominique Lestel
一九六一年生まれ。哲学者、動物行動学者。動物行動学を起点に人間と動物や機械の関係について論じている。主な著書に『動物性　ヒトという身分に関する試論』（*L'Animalité: Essai sur le statut de l'humain*, 1996）、『文化の動物的起源』（*Les Origines animales de la culture*, 2001）、『ヒトは何の役に立つのか』（*À quoi sert l'homme?*, 2015）などがある。

大辻都　おおつじみやこ
一九六二年東京生まれ。フランス語圏文学。東京大学大学院総合文化研究科地域文化研究専攻博士課程修了。博士（学術）。京都芸術大学准教授。著書に『渡りの文学　カリブ海のフランス語作家マリーズ・コンデを読む』（法政大学出版局、二〇一三年）、『アートライティング1　アートを書く・文化を編む』（共著、藝術学舎、二〇一九年）などがある。

肉食の哲学

二〇二〇年六月二〇日　第一刷発行

著者——ドミニク・レステル
翻訳——大辻都
発行者——小柳学
発行所——株式会社左右社
一五〇-〇〇〇二
東京都渋谷区渋谷二-七-六金王アジアマンション
TEL 〇三-三四八六-六五八三
FAX 〇三-三四八六-六五八四
http://www.sayusha.com
装幀——松田行正＋杉本聖士
印刷所——精文堂印刷株式会社

 ISBN978-4-86528-279-5